海南万建建筑工程有限公司
安全制度汇编

主　编　邱腾飞　赵小春
副主编　黄志华　于天齐

延边大学出版社

图书在版编目（CIP）数据

海南万建建筑工程有限公司安全制度汇编 ／ 邱腾飞，
赵小春主编. -- 延吉 ： 延边大学出版社，2022.8
　　ISBN 978-7-230-03765-5

　　Ⅰ．①海… Ⅱ．①邱… ②赵… Ⅲ．①建筑企业－安
全生产－制度－汇编－海南 Ⅳ．①F426.9

　　中国版本图书馆CIP数据核字(2022)第158361号

海南万建建筑工程有限公司安全制度汇编

主　　编：邱腾飞　　赵小春
责任编辑：董　　强
封面设计：正合文化
出版发行：延边大学出版社
社　　址：吉林省延吉市公园路977号　　　　邮　　编：133002
网　　址：http://www.ydcbs.com　　　　E-mail：ydcbs@ydcbs.com
印　　刷：北京宝莲鸿图科技有限公司
开　　本：787×1092　1/16
印　　张：11
字　　数：200 千字
版　　次：2022 年 8 月 第 1 版
印　　次：2022 年 8 月 第 1 次印刷
书　　号：ISBN 978-7-230-03765-5

定价：68.00元

前　　言

安全是经济和社会发展的重要课题。坚持"安全第一、预防为主、综合治理"的方针，加强安全生产管理，保护国家和人民生命财产安全，是党和国家的一贯要求，也是企业安全生产管理的基本原则。近年来，国家加强了安全生产管理力度及问责力度。提高企业的安全生产管理水平，有助于完善企业的生产经营活动，安全生产也是建筑类企业应肩负起的责任。

海南万建建筑工程有限公司成立于2020年12月，于2022年3月正式获得建筑业企业资质。公司自成立初期就十分重视安全生产管理，根据《中华人民共和国安全生产法》《中华人民共和国建筑法》《建设工程安全生产管理条例》等各项法律法规及安全规章制度，结合公司实际情况，先后发布了《关于成立安全生产管理机构的决定》《关于开展公司2022年度安全生产教育培训工作的通知》《关于印发〈安全生产责任制〉的通知》《关于印发〈危险性较大分部分项工程应急预案〉的通知》等多项公司内部制度性文件。

本部汇编以安全施工的相关要求为主线，强调了工作过程中的责任意识，描述了如脚手架的搭建、重物的搬运等施工具体场景的注意事项，还加入了培训与考核计划，旨在提高全体员工的安全意识，力求让全体员工掌握安全生产技能。学习《海南万建建筑工程有限公司安全制度汇编》，有利于规范公司管理流程，促进项目管理精细化，推进公司安全生产管理制度的建设，从而完成公司安全生产管理目标。在此特别感谢海南科技职业大学提供的帮助与支持。

时代在发展、社会在进步，安全生产管理也会出现新的情况、新的问题，也许有的安全制度不能适应新变化、新形势，还请广大读者积极建言献策，及时反馈宝贵意见。

企业应该把安全生产放在首位，因为安全就是企业的生命，安全就是企业最大的效益，安全就是职工最大的幸福。希望海南万建建筑工程有限公司为社会建设做出更大的贡献，也希望每一位员工安全常在，平安常伴。

海南万建建筑工程有限公司

2022年4月

目　　录

1 安全生产管理机构

1.1 安全生产管理机构工作职责

（一）对公司的安全生产、劳动保护工作负总的责任，并直接领导公司业务专职机构的人员开展日常工作。

（二）贯彻执行国家有关劳动保护的方针、政策、法令、法规、标准以及上级主管部门精神。

（三）计划、布置、检查和总结安全生产工作；监督施工，实现年度职业健康安全目标。

（四）组织制定安全技术措施和安全生产计划方案，并监督安全措施经费的落实；认真组织力量，保证安全生产计划的实施。

（五）制定各项安全生产劳动保护规章制度和安全技术操作规程，保证各项规章制度的落实。

（六）有计划地组织工人学习劳动保护方针、政策和安全技术，督促所属单位和有关工程技术人员定期对工人进行安全教育。

（七）推广安全生产先进经验，组织公司及所属单位、班组经常性地开展安全活动。

（八）每季度组织一次安全生产、文明施工大检查，使公司施工现场的机械设备、安全设施、生产工具、原辅材料及生产、生活设施符合安全、卫生要求。发现重大问题，要及时研究、制定安全对策并确保其实施。

（九）安全事故发生后应按"四不放过"的原则及时开展调查工作，分析事故发生的原因，严肃处理事故责任者，同时认真吸取教训，提出改进措施，防止事故再次发生。

（十）负责公司专职安全员的培训工作，提高其业务水平。

（十一）协助项目部做好安全策划工作，确保项目部相关安全目标的实现。

1.2　安全生产管理机构人员任职文件

各科室、各部门：

为保证公司安全生产工作的有效进行，经公司研究，决定任命：

一、黄志华同志为安全管理机构负责人、分管安全生产副经理；

二、何祖强同志为安全生产项目负责人；

三、王明、李慧、邱腾飞三名同志为专职安全生产管理人员；

四、胡雅婷同志为安全管理机构特种作业人员。

以上人员全面负责公司各项安全管理工作。

海南万建建筑工程有限公司

2022 年 2 月 22 日

1.3 安全生产管理机构组成人员名单

安全生产管理机构组成人员名单如表 1-1 所示。

表 1-1 安全生产管理机构组成人员名单

序号	姓名	职务
1	杨艳琴	法定代表人兼总经理
2	黄志华	安全管理机构负责人 分管安全生产副经理
3	何祖强	安全生产项目负责人
4	王明	专职安全生产管理人员
5	李慧	专职安全生产管理人员
6	邱腾飞	专职安全生产管理人员
7	胡雅婷	特种作业人员

2 安全生产投入规章制度

2.1 安全技术措施经费的提取及使用

为进一步加强企业安全管理，确保企业对安全技术措施经费使用及时、到位，依据本公司《财务管理制度》的规定，对安全技术措施经费的提取及使用做如下规定：

（一）安全技术措施经费按不低于建筑施工单位产值 2%的比例提取。企业安全费用由企业自行提取，专户储存，专项用于安全生产，其中：安全教育专项培训的保障资金占30％；安全劳动防护用品的保障资金占 30％；安全生产技术措施的保障资金占40％。

（二）公司针对施工经营项目需具备的安全生产条件进行的必需的资金投入，由施工经营项目的决策机构或主要负责人负责，确保资金及时到位，正确使用，并对由于安全生产所必需的资金投入不足而导致的后果负责。

（三）安全教育专项培训的保障资金用于购置、编印或制作安全技术、劳动保护、安全知识等方面的参考书、宣传画、标语、幻灯片及教育光盘等；制定并落实有关安全生产的规章制度。

（四）安全劳动防护用品的保障资金主要用于购买、管理劳动保护品，物品采购时要严格按照公司制定的采购程序进行。劳动保护品必须严格控制使用年限和使用范围，当其安全性不能满足工作的需要时要及时向主管部门反馈，以进行报废或降载处理。对违反采购原则的行为，除按奖罚条例处罚外，必须退货，造成的损失和影响由行为人和批准人负责。

（五）加强对施工现场使用的安全防护用具及机械设备的监督和管理，要对安全劳动保护用品、机械设备、施工机具及配件进行定期的维护和保养，或对其进行定期及不定期的检查和抽查，发现不合格的用具或技术指标、安全性能不能满足施工安全需要的设备等，应立即停止使用。

以上规定望公司各单位遵照执行，执行过程中遇到的问题请及时与公司安全监管部门联系。

2.2　保证安全生产投入的管理办法

保证本单位安全生产所需资金的投入，是保证安全生产的经济基础。企业在年初改制以后，根据《建设工程安全生产管理条例》，经法人代表提议，成立了专门的安全管理机构，加大了对全公司安全管理工作的管理力度。在公司经理办公会议上研究决定了安全生产资金投入数额，并明确了资金的使用和监督管理办法。

（一）每年初公司预计提取年总产值的 2%～3% 作为安全生产资金。视市场实际情况具体确定提取数额，但最少不低于年总产值的 2%。

（二）用于安全生产的资金设专户储存，专款专用。

（三）公司各有关部门就防护用品、施工机具的维修、维护，按规定应缴纳的保险费、环境保护费用、消防费用、安全岗位奖励基金及安全培训费用等，与安全生产管理机构进行商讨，确定投资比例和使用计划。

（四）每一笔安全生产资金都应由安全生产机构分管人员考查、认定，经总经理、主任签字方可动用。

（五）用专项资金购置的防护用品必须有产品检验检测合格证明，经安全委员会验收后方可投入使用。

（六）安全生产资金的提取和开支情况，每年年底公布一次，接受有关部门的检查和监督。

（七）因安全生产资金投入不到位或被挪为他用而造成人员伤亡和重大经济损失的，要追究当事人的责任。

安全生产资金应当用于以下安全生产事项：

1.安全技术措施工程建设。

2.安全设备、设施的更新、改造和维护。

3.安全生产宣传、教育和培训。

4.劳动防护用品购置。

5.安全生产检查与评价支出。

6.必要的应急救援器材、设备和现场作业人员安全防护用品支出。

7.维护和改造安全防护设施、设备支出，主要指车间、库房等作业场所的监控、监测、通风、防晒、调温、防火、灭火、防爆、泄压、防毒、消毒、中和、防潮、防雷、防静电、防腐、防渗漏或者隔离操作等设施、设备。

8.重大危险源、重大事故隐患的评估、整改、监控支出。

9.进行应急救援演练的支出。

10.其他与安全生产直接相关的支出。

2.3 2022年度安全生产
资金投入计划及使用情况

2022年度安全生产资金投入计划及使用情况如表2-1、2-2所示。

表2-1 2022年度安全生产资金投入计划

序号	项目	计划金额（元）	备注
一	内务管理		
1	安全生产管理文件和重大危险因素作业指导计划制定	300.00	
二	安全生产		
1	安全资料的整理	1 000.00	
2	电脑、打印机、纸张	9 000.00	
3	安全施工标志牌	250.00	
4	宣传栏、报刊、标语	2 000.00	
5	安全培训及教育	9 000.00	
三	消防设施、消防器材及保健急救措施		
1	ABC灭火器	400.00	
2	急救药箱	200.00	
3	消防演习费	12 000.00	
四	劳动防护用品		
1	安全帽	1 000.00	
2	安全网	1 000.00	
3	安全带	500.00	
4	工作服	8 000.00	
5	劳动保护鞋	2 500.00	
6	防护手套	2 000.00	
7	防护面罩	300.00	
8	雨鞋	400.00	
9	雨衣	2 100.00	

续表

序号	项目	计划金额（元）	备注
10	雨具	2 500.00	
11	口罩	250.00	
12	员工现场饮用水	1 000.00	
五	抢险应急措施费	50 000.00	
六	人身意外伤害保险费	2 000.00	
七	职业病预防及保健费用	4 000.00	
	合计	111 700	

表 2-2　截至 2022 年 3 月安全生产资金使用情况

序号	名称	已用费用（元）	备注
1	防护手套	200	
2	雨鞋	400	
3	安全帽	200	
4	安全施工标志牌	120	
5	安全网	100	
6	ABC 灭火器	160	
7	急救药箱	200	
8	人身意外伤害保险费	148	
	合计	1 528	

3 安全教育培训计划

为贯彻安全第一、预防为主的方针，加强建筑业企业职工安全培训教育工作，增强职工的安全意识和安全防护能力，减少伤亡事故的发生。坚持先培训、后上岗的制度，让职工定期接受安全培训教育，提高广大职工安全知识水平和实际操作技能，保证安全教育培训工作有序进行，特制定本制度。

3.1 培训对象、时间

（一）企业法定代表人、项目经理，每年接受安全培训的时间不得少于30学时。

（二）企业专职安全管理人员除按照《建设企事业单位关键岗位持证上岗管理规定》的要求取得岗位合格证书并持证上岗外，每年还必须接受专业安全技术业务培训，时间不得少于32学时。

（三）企业其他管理人员和技术人员，每年接受安全培训的时间不得少于 20 学时，接受有针对性的安全培训的时间不得少于20学时。

（四）企业其他职工，每年接受安全培训的时间不得少于 15 学时。

（五）企业待岗、转岗、换岗的职工，在重新上岗前，必须接受一次安全培训，时间不得少于 20 学时。培训按照新进场工人的标准进行。

（六）建筑业企业新进场的工人，必须接受公司、项目部、班组的三级安全培训教育，考核合格后方能上岗。

1.公司安全培训教育的主要内容包括：国家和地方有关安全生产的方针、政策、法规、标准、规范、规程和企业的安全规章制度等。培训教育的时间不得少于 15 学时。

2.项目部安全培训教育的主要内容包括：工地安全制度、施工现场环境、工程施工特点及可能存在的不安全因素等。培训教育的时间不得少于 15 学时。

3.班组安全培训教育的主要内容包括：本工种的安全操作规程、事故安全案例、劳动纪律和岗位讲评等。培训教育的时间不得少于 20 学时。

3.2 培训内容

3.2.1 企业法定代表人

（一）国家有关安全生产的方针政策、法律法规、规章制度、安全标准及有关规范性文件，本地区有关安全生产的法律法规、规章制度、安全标准及规范性文件。

（二）建筑施工企业安全生产管理的基本知识和相关专业知识。

（三）特大事故防范措施、应急救援措施，事故报告制度及调查、处理方法。

（四）企业安全生产责任制和安全生产规章制度的内容、制定方法。

（五）国内外企业安全生产管理经验。

（六）典型事故案例分析。

3.2.2 项目经理

（一）国家有关安全生产的方针政策、法律法规、规章制度、安全标准及有关规范性文件，本地区有关安全生产的法律法规、规章制度、安全标准及规范性文件。

（二）工程项目安全生产管理的基本知识和相关专业知识。

（三）重大事故防范措施、应急救援措施，事故报告制度及调查、处理方法。

（四）企业和项目安全生产责任制和安全生产规章制度的内容、制定方法。

（五）施工现场安全生产监督检查的内容和方法。

（六）国内外安全生产管理经验。

（七）典型事故案例分析。

3.2.3 专职安全管理人员

（一）国家有关安全生产的方针政策、法律法规、规章制度、安全标准及有关规范性文件，本地区有关安全生产的法律法规、规章制度、安全标准及规范性文件。

（二）重大事故防范措施、应急救援措施，事故报告制度及调查处理方法。

（三）企业、项目安全生产责任制和安全生产规章制度的内容。

（四）施工现场安全生产监督检查的内容和方法。

（五）典型事故案例分析。

3.2.4 企业其他管理人员

（一）国家有关安全生产的方针政策、法律法规、规章制度、安全标准及有关规范性文件，本地区有关安全生产的法律法规、规章制度、安全标准及规范性文件。

（二）企业、项目安全生产责任制和安全生产规章制度的内容。

（三）本岗位安全生产责任制的内容，以及如何履行安全生产职责的专业知识。

（四）安全生产管理的基本知识和相关专业知识。

3.2.5 其他作业人员

（一）国家有关安全生产的法律法规和安全标准。

（二）公司安全生产管理制度及职责。

（三）安全管理、安全技术、职业卫生等知识。

（四）相关事故案例及事故应急处理方法等。

3.3　安全教育培训的实施与管理

（一）实行安全教育培训登记制度。建立职工的安全教育培训档案，没有接受安全教育培训的职工不得在施工现场从事作业或者开展管理活动。

（二）企业制定职工安全教育培训年度计划，并组织实施。

（三）企业职工的安全教育培训，使用经住房和城乡建设部及建筑安全主管部门统一审定的培训大纲和教材。

（四）2022年安全教育培训计划及培训考核记录单如表3-1、3-2所示。

表 3-1　2022 年安全教育培训计划

序号	培训时间	培训内容	培训对象	培训课时	培训形式
1	3 月	安全规章制度、安全生产法律法规、安全生产标准化讲座	全体人员	15	会议、讲授
2	3 月	岗位操作技能、规程	作业人员	20	操作讲授、交流
3	3 月	公司管理人员安全教育	管理人员	20	会议、讲授
4	3 月	应急管理、应急预案编制以及应急事件处置的内容和要求	全体人员	15	会议、讲授
5	4 月	劳动防护用品、安全防护设施讲座	全体人员	15	现场讲授
6	4 月	事故案例分析	全体人员	15	案例研讨
7	4 月	消防知识培训	全体人员	15	讲授
8	4 月	安全生产管理、安全生产技术、职业卫生等知识	全体人员	15	会议、讲授
9	4 月	特种作业人员安全教育	作业人员	12	操作讲授、交流

表 3-2　培训考核记录单

教育内容		
参与人员		
培训时间		
安全教育内容		

公司教育			
考核成绩	姓名	考试成绩	签名
培训效果评价			

4 安全生产责任制

4.1 法人（总经理）安全生产责任制

（一）企业法人（总经理）是安全生产的第一责任者，对本企业的安全生产全面负责，应积极贯彻国家的有关法律法规和方针政策，落实各级主管部门的要求。

（二）主持制定本企业安全生产的方针政策，制定各级安全生产制度和岗位责任制度，强化安全生产目标，杜绝重大伤亡事故，确保年度负伤频率不超标。

（三）组织公司各职能部门对职工进行安全生产教育，督促干部职工全面落实各项安全措施。

（四）不断研究、分析安全生产中的实际问题，克服安全生产过程中的薄弱环节，定期参加安全检查，掌握安全管理的动态和现状，总结、推广先进经验，表彰先进典型。

（五）研究、审批公司的安全生产工作计划和劳动保护用品的购置使用计划，不断改善劳动保护条件和生产环境。

（六）安全第一的原则在任何时候、任何情况下都不能变，主要领导抓安全工作的要求不能变，党政工团齐抓共管、结合治理的政策不能变。

4.2 分管安全副总经理安全生产责任制

（一）在总经理的领导下，具体负责安全生产工作，根据国家安全生产劳动保护等方针政策、法律法规、安全标准，参与制定总公司的各项安全生产规章制度和各项安全生产实施细则。

（二）定期向公司报告企业安全生产情况，定期研究、解决安全生产中出现的问题，审批安全技术措施和安全生产计划并认真落实。

（三）总结《建设工程安全生产管理条例》的贯彻情况和"五规范一标准"的落实情况，不断推广先进经验。

（四）定期组织安全检查，开展安全竞赛等活动，定期或不定期召开安全生产工作会议，督促各级领导干部和各职能单位的职工做好职责范围内的安全工作。

（五）总结与推广安全生产先进经验，抓好安全生产，保证不出现重大伤亡事故，严格控制事故负伤频率，确保年事故负伤率不超过15‰，重伤负伤率不超过2‰。

4.3 总工程师安全生产责任制

（一）在组织编制和审批施工组织设计（施工方案）和采用新技术、新工艺、新设备时，必须提出相应的安全生产技术措施。

（二）负责提出改善劳动条件的建议，并付诸实践。

（三）对职工进行安全技术教育。

（四）及时解决施工中的安全技术问题。

（五）参加伤亡事故的调查、分析，提出技术鉴定意见和改进措施。

（六）负责公司劳动保护和安全生产技术工作。

4.4　项目经理安全生产责任制

（一）全面负责本单位的安全生产工作，认真贯彻执行国家有关法律法规和总公司的各项规章制度。

（二）建设本单位安全管理网络，制定各项安全生产管理制度，使责任落实到人。全面组织、实施各项安全生产技术措施和技术交底工作，确保安全生产顺利进行。

（三）定期组织本单位职工进行安全学习，加强思想教育，提高职工的劳动技能和安全意识，保证管理人员不违章指挥，工人不违章作业，杜绝重大伤亡事故。

（四）定期召开安全生产会议，研究解决安全生产中的实际问题，组织开展安全生产竞赛活动和安全生产检查评比活动，进行表彰先进等工作。

（五）及时协调解决本单位施工现场的防护用品和劳动保护用品问题，推广先进的安全生产管理经验和方法。

（六）检查安全隐患，增强施工人员的防护意识，做到"安全第一，预防为主"。安全管理常抓不懈，持之以恒。

4.5　安全生产副经理责任制

（一）对本企业安全生产负直接领导责任，协助法人（总经理）认真贯彻执行安全生产方面的方针政策、法律法规，落实本企业安全生产管理制度。

（二）组织制定本企业中长期、年度、特殊时期的安全工作规划、目标及实施计划，落实安全生产责任制。

（三）参与编制和审批施工组织设计，审批复杂的工程项目或专业性较强的工程项目的安全施工组织设计（施工方案）中安全生产经费的使用计划。

（四）领导、组织本企业的安全生产宣传教育工作，确定安全生产考核指标，负责培训、考核与审查工作。

（五）组织本企业定期和不定期的安全生产检查，及时解决施工中存在的不安全问题。

（六）认真听取有关安全生产的合理建议，保证安全生产体系的正常运转。

（七）认真主持重大伤亡事故的调查、分析工作，提出处理意见和改进措施。

4.6　施工员安全生产责任制

（一）施工员对所管工程的安全生产负直接责任。

（二）组织项目上的职工认真贯彻执行总公司的各项规章制度，全面组织实施各项安全技术措施和技术交底工作。

（三）对施工现场搭设的脚手架、临时用电设施、相关机械设备、安全防护装置等，都要认真检查，符合要求后方能使用。

（四）不违章指挥，组织工人学习安全操作规程，教育工人不违章作业。

（五）负责管理施工现场的原材料堆入、排水、卫生、电线线路和临时设施等，要符合现场总平面图的布置要求，并加强管理，做到文明施工。

（六）开好班前、班后会议，交代施工中的安全生产注意事项，根据工程施工特点及施工进度、人员素质等，有针对性地做好安全教育等工作。

（七）发生工伤事故时要立即报告并保护好现场，协助相关部门进行调查。

4.7　技术员安全生产责任制

（一）协助队长组织全队人员掌握有关安全技术措施，学习规章制度，做好本队的安全工作，并接受专职安全员的业务指导。

（二）做好班前、班中、班后的安全检查工作，发现问题立即解决；如解决不了，上报队长。

（三）协助安全员、队长负责安全生产知识、安全生产规程等方面的教育。如遇施工人员进行危险作业，要及时协同安全员令其停止工作，并向队长汇报。

（四）协助队长做好新工人的安全教育和专业工种的技术培

训工作，新工人和专业工种工人考试合格后，方可参加生产。

（五）监督、检查劳动保护用品的使用情况，参加事故分析处理和安全检查工作，协助落实整改措施。

（六）有权制止违章作业，制止越级上告及违章指挥的行为。

4.8　质检员安全生产责任制

（一）认真贯彻执行《建设工程安全生产管理条例》及有关安全技术、劳动保护的法律法规。

（二）按照公司制定的安全生产规章制度，合理地组织生产，做好施工组织设计。

（三）参加事故调查、分析，提出技术鉴定意见，提出改进措施。

（四）解决施工中的安全技术问题，建立安全生产、文明生产的秩序。

（五）严格按照国家有关安全技术规程，做好相应的分部、分项工程安全技术交底工作。

（六）会同公司有关部门对职工进行安全教育培训。

4.9　安全员安全生产责任制

（一）认真贯彻执行党和国家制定的有关安全生产的方针政策、法律法规和安全标准。

（二）参与制定和修改公司的安全生产规章制度，并组织实施。

（三）执行安全生产操作规程，制止违章指挥和违章作业，消除事故隐患。

（四）做好本职工作，对违反安全操作规程和规章制度者，按照公司的规定给予批评教育或处罚。

（五）深入基层，指导安全生产方面的工作，掌握安全生产情况，及时发现生产中的不安全因素，提出改进意见和措施，并监督落实。

（六）参加公司及各级组织的安全生产检查工作，并负责做好检查记录和会议记录。

（七）协助经理对安全措施的落实和劳动保护用品的发放和使用情况进行监督。

（八）对施工工地进行经常性的巡回检查，协助经理组织安全大检查，一旦查出问题，督促有关人员及时进行整改；制止冒险作业者和违章者，并对其进行教育。

（九）协助经理做好对新职工的安全生产思想教育和管理工作，督促安全施工方案和安全措施的落实，检查落实情况。

（十）及时收集有关资料，并加以整理、保管，及时总结经验，推广先进典型。

4.10 工程技术部安全生产责任制

（一）工程技术部是公司安全生产管理的组织机构，全面负责公司的各项安全生产管理工作。

（二）工程技术部的任务是，协助各级领导，监督各职能部门认真贯彻执行党和国家的安全生产方针、政策、规程、批示以及公司颁发的各项规章制度，检查各级人员落实安全生产责任制的情况，实现安全生产、文明生产。

（三）在经理、（主管生产）副经理的领导下，协助领导推广施工安全技术，贯彻安全生产方针，执行各劳动保护政策、法令、规章制度，并负责监督、检查，实现安全生产。

（四）审查年度安全规划、安全生产规章制度和安全施工措施，提出修改意见，经批准下发到各基层。

（五）负责开展安全教育，进行三级教育和专业教育。

（六）检查安全施工措施的执行情况，发现违章冒险作业等现象，有权停止施工，或停止设备的运行、操作和使用。

（七）建立工作会议制度，定期召开会议，检查、讨论安全工作，进行安全评比，做出开展安全工作的决定。

（八）组织开展安全生产、文明施工等竞赛活动；负责安全生产奖惩工作，积极推广先进经验，并负责总结、评比工作。

（九）领导本单位开展安全大检查，检查有关部门对事故隐患的解决情况；提出开展安全生产工作的意见，并督促实施；一旦查出问题，建立档案，并通过"三定"（确定整改措施、确定整改时间、确定整改人员）的方式进行整改。

（十）参加重大事故的调查、分析、处理工作，提出对事故责任人的处理意见并及时更新事故防范措施。

（十一）参与制订新建、扩建、改建、大修、拆除、加固等施工方案，提出安全生产方面的措施并监督实施。

（十二）坚持"三不放过原则"，勘察事故现场，调查、分析事故原因，并督促有关部门检查事故防范措施。

（十三）负责安全管理方面的统计、上报、建档工作。

4.11　生产计划部安全生产责任制

（一）要按照安全操作规程使用起重机械，不准超负荷运行，不得"带病"运行。

（二）在容器中，或在有尘毒、静电的环境下作业，必须采取安全防护措施。

（三）高空作业必须设置安全网、防护棚、防护栏通道。

（四）使用电气设备时必须按规定安装，保证良好的绝缘性；在三相五线供电网络中，一切电气、机械设备、工具一律实行接零保护，严禁部分接零、部分接地和两台变压器共用零线；防漏电开关要统一安装防雨、加锁的保护箱；在人身碰触处、潮湿地带、大片金属面或在金属容器内、管道内施工时，严禁使用 220 V 电压照明，一律用 36 V 以下安全电压照明。

（五）高层建筑物、高层脚手架、升降井架、塔吊等必须安装避雷针，必须保持接地良好。

（六）保证施工现场道路畅通，交通路口设临时交通指挥员，堆放材料必须离铁路轨道 2.5 m 以外。

（七）现场的陡坡、深坑、深井、人行桥、施工预留孔洞、平台边沿等危险处，必须加设围栏、加固盖板等防护设施和警告标志。

（八）在夜间施工，以及在自然光线不足的地方施工或在道路（公路）上放置设备，必须有足够的照明设备，危险区域应设警告标志和围栏等防护设施。

（九）各种脚手架、龙门架、平台架必须按设计规程搭设，要有坚实的基础、足够的强度和牢固的结构。

（十）材料、构件、设备要堆放整齐、稳固，不超高，拆除的模板、废料、构筑物要及时清理。

（十一）交叉作业时要有隔离防护设施，出入口的防护棚要搭建牢固。

（十二）使用乙炔发生罐、氧气瓶时，其安全防护装置和防爆装置必须安全、有效，相关人员要按规定在相应区域使用。

（十三）施工现场必须设有足够的防水、防火器材，禁止在禁火区点火。

（十四）现场不设立炸药库、汽油仓库等储存易燃易爆品的仓库。

（十五）必须认真遵守安全帽、安全带、绝缘防护品的使用制度，相关劳动保护用品必须有合格证并按国家标准定期检查。

4.12　项目部安全生产责任制

（一）按照工程需求组建项目部安全管理小组。

（二）管理小组的任务如下：协助项目经理认真贯彻执行党和国家的安全生产方针、政策、规程、指示，以及上级部门颁发的各项规章制度，督促各施工班组进行安全生产、文明施工。

（三）定期组织开展以各班组为单位的安全生产、文明施工竞赛活动。

（四）积极开展安全隐患检查工作，对查出来的事故隐患要确定整改人、整改时间和整改措施，督促整改。

（五）认真贯彻上级部门有关防火防爆工作的政策、法令、批示，制定防火防爆安全管理制度。

（六）负责项目部消防物品、剧毒物品、爆炸物品、放射性物品的保管工作，以及重点岗位和交通安全的管理工作。

（七）负责项目部消防器材的合理分配和管理工作，保证消防设备完好。

（八）定期进行安全检查，负责节假日前后的防火、保密、保卫工作，发现重大隐患要报告上级领导，督促有关部门及时解决。

（九）参与重大工伤、生产和设备事故的调查、分析工作，对破坏性事故和有嫌疑的事故要追查到底。

（十）采用各种形式进行防火、防爆、防毒、防盗的宣传。

（十一）高空作业时必须设置安全网、防护棚、防护栏通道。

（十二）使用电气设备必须保证良好的绝缘性，按规定安装；

在三相五线供电网络中，一切电气、机械设备、工具一律实行接零保护，严禁采用部分接零、部分接地和两台变压器共用零线的办法；防漏电开关要统一安装防雨、加锁的保护箱；在人身碰触处、潮湿地带、大片金属面或在金属容器内、管道内施工操作时，严禁使用 220 V 电压照明，一律用 36 V 以下安全电压照明。

（十三）高层建筑物、高层脚手架、升降井架、塔吊等必须安装避雷针，必须保持接地良好。

（十四）保证施工现场道路畅通，交通路口设临时交通指挥员，堆放材料必须离铁路轨道 2.5 m 以外。

（十五）现场的陡坡、深坑、深井、人行桥、施工预留孔洞、平台边沿等危险处，必须加设围栏、加固盖板等防护设施和警告标志。在夜间施工，以及在自然光线不足的地方施工或在道路（公路）上放置设备，必须有足够的照明设备，危险区域应设警告标志和围栏等防护设施。

（十六）建立工作会议制度，定期召开会议，检查、讨论安全工作，进行安全评比，做出开展安全工作的决定。

（十七）组织开展安全生产、文明施工等竞赛活动；负责安全生产奖惩工作，积极推广先进经验，并负责总结、评比工作。

（十八）参与制订新建、扩建、改建、大修、拆除、加固等施工方案，提出安全生产方面的措施并监督实施。

（十九）坚持"三不放过原则"，勘察事故现场，调查、分析事故原因，并督促有关部门检查事故防范措施。

5　安全生产规章制度

5.1　安全技术措施管理制度

5.1.1 总则

第一条　为了有效控制施工生产过程中的潜在风险，保障施工人员的健康和安全，利用安全技术措施创造或改善施工现场的安全条件，结合工区施工生产的特点，特制定本管理制度。

第二条　安全技术措施的确定应在施工过程危险源辨识、评价的基础上遵循安全可靠、经济合理、技术可行的原则，注重措施的适用性和可操作性。

第三条　安全技术措施的范围包括：

（一）改善施工环境和生产条件，防止伤亡事故发生或财产遭受损失的措施。

（二）保护作业人员的身体健康，防止职业中毒和职业病发生的措施。

（三）保证施工生产顺利进行而抵御自然破坏力的措施。

第四条　安全技术交底应分部、分项、分专业、分工种进行。

第五条　项目部的工程管理部是提出本项目部安全技术措施的主要责任部门，与安全技术措施内容相关的其他部门是参与措施会签部门。

第六条 安全技术措施的制定应根据国家公布的《建设工程安全生产管理条例》《安全生产许可证条例》《实施工程建设强制性标准监督规定》《危险性较大的分部分项工程安全管理规定》《建筑施工企业主要负责人、项目负责人和专职安全生产管理人员安全生产管理规定》《特种作业人员安全技术培训考核管理规定》和其他有关规程规范的规定，由具备相应专业技术资格的工程技术人员完成，经过会签、审核、批准后执行。

第七条 安全技术措施方案的审核，应由编制措施方案人员所在部门的负责人负责并签字。安全技术措施方案的批准由项目经理、项目总工程师负责并签字。

第八条 各架子队制定的安全技术措施应及时报送项目部，由项目部报工程建设监理单位同意并签字。

第九条 安全技术措施的制定应同施工技术措施同时进行、同步实施。对安全生产有重大影响的作业应单独确定专项的施工安全技术措施。凡涉及的重要结构、施工设施应进行安全技术设计，以保证其强度、刚度和安全系数。

第十条 下列单项工程施工（作业）必须单独编制安全技术措施方案：基坑支护、脚手架、模板工程、施工用电、塔吊、物料提升机、大型物体起重吊装工程以及其他对安全生产有重大影响的工程等。

第十一条 根据施工方案、工作环境、季节特点、工程特点和施工人员素质等情况，做好分部分项工程的安全技术交底。分部分项工程施工前，施工技术负责人、施工员要向施工班组进行安全交底。

安全技术措施应在实施作业前由工程管理部的有关人员向施工单位的作业人员进行交底（交底至作业工人）并做好交底记录。

第十二条　工程管理部应及时向会签部门及实施单位传送措施文件，收发措施文件的双方签字并保存文本及收发记录。

第十三条　安全技术措施由生产调度人员组织落实，实施作业的班组负责执行。执行过程由项目部专职安全工程师负责监督。

第十四条　安全技术措施的落实执行结果由工程管理部组织相关部门和单位共同进行验收，并做好验收记录，参加验收的人员应在验收记录上签字。

第十五条　属于报请建设工程监理单位审查批准的安全技术、措施落实执行后的验收，必须邀请监理单位派人参加并在验收记录上签字。

第十六条　对安全防护设施应经常进行检查，保持有效状态。遇有损毁、失灵、变形等情况应及时进行维护或更换。

第十七条　各级安全员进行安全检查时，必须检查施工现场安全防护设施的状态，发现问题及时向有关部门或作业单位提出整改要求。

第十八条　工程管理部负责施工现场安全防护设施的日常监督管理。因生产需要临时变动防护设施时，作业单位必须首先向工程部报告，经过允许方可变动，并负责防护设施的恢复。

第十九条　对安全防护设施的检查、变动、恢复情况，应做好相应的记录并予以保存。

第二十条　安全技术、措施文件保存期限至少为5年。

第二十一条　安全技术、措施实施、检查、验收及其他相关记录保存期限至少为 3 年。

第二十二条　本制度适用于项目部和各架子队。

第二十三条　本制度自下发之日起执行。

5.1.2 安全技术措施的制定依据及内容

（一）制定安全技术措施的依据

1.《建设工程安全生产管理条例》《危险性较大工程安全专项施工方案编制及专家论证审查办法》等与安全生产相关的法律法规；国家发布的安全健康方面的法律法规和行业主管部门发布的安全健康制度及标准。

2.公司预防火灾、爆炸、工伤、职业病及职业中毒所采取的技术措施。

3.发展生产所采取的安全技术措施，以及职工提出的有利于安全生产的合理建议。

（二）安全技术措施包括的内容

1.安全技术：以防止火灾、爆炸、工伤为目的的一切措施，如安全防护装置、保险及信号装置等。

2.职业危害防治：改善生产操作条件和现场卫生条件，防止职业病和职业中毒的一切措施，如防毒除尘、防暑降温和消除噪声等措施。

3.辅助房屋及设施：为保证职工劳动卫生条件所必需的设施，如浴室、休息室等。

4.安全生产宣传教育：编写安全技术教材，购置图书、仪器，举办安全技术训练班、安全展览，以及出版安全刊物所需的材料、设备等。

5.其他：其他不能列入上述项目的安全措施，如安全技术试验研究所需的仪器、设备和材料等。

6.安全检查中可发现尚未解决又影响安全生产的事故隐患。

7.生产发展所需要采取的安全措施，以及广大职工群众提出的有利于安全生产和劳动保护的合理建议。

5.1.3 安全技术审核流程

（一）公司有关负责人主持安全保证计划的审核工作。

（二）执行安全保证计划的工程项目部负责人及相关部门参与确认。

（三）确认安全保证计划的完整性和可行性。

（四）确认各级安全生产岗位责任制。

（五）任何与安全保证计划不一致的事宜都应得到解决。

（六）确认工程项目部有满足安全生产条件的能力。

（七）记录并保存确认过程。

（八）已通过的安全保证计划，应送上级主管部门备案。

5.1.4 安全技术措施管理

（一）为了有效控制施工过程中的不安全因素，规范安全技术措施管理工作，制定安全技术措施时应在辨识、评价危险因素的基础上遵循安全可靠、经济合理、技术可行、先进科学的原则，注意措施的适用性和可操作性。

（二）改善施工环境和生产条件，防止事故发生的措施。

（三）保护作业人员的身体健康，防止职业病发生的措施。

（四）保证施工生产顺利进行，抵御外力因素破坏的措施。

（五）安全技术措施应遵循"三同步"的原则，即安全技术措施应与施工技术措施同步制定、同步交底、同步实施。安全技术措施由生产调度部门组织落实，实施作业的单位负责执行，安全监督部门负责监督。

（六）对安全技术措施实施后的结果，应组织相关部门进行验收，并做好验收记录。报请建设工程监理单位审批的安全技术措施，应同时邀请监理单位人员参加验收。

（七）安全技术措施实施后，应经常检查，保证其有效；需要修改安全技术措施时，作业单位应向有关部门报告，由原制定部门重新修订、审核、批准。

（八）安全技术措施文件，以及检查、验收和其他相关记录应妥善保存；指挥部门应鼓励应用新工艺、新设备、新材料，鼓励职工创新安全技术，不断促进安全技术的标准化、规范化。

5.1.5 检查和报告

（一）公司总经理、副总经理及相关负责人每季度检查一次，并在专门会议上由副总经理汇报执行情况。

（二）副总经理应及时协调解决安全技术措施实施过程中存在的问题，保证安全技术措施的实施。

（三）安全生产机构必须定期对安全技术措施的执行情况进行检查，向总经理汇报并由副总经理进行总结。

（四）项目经理每月召开一次检查会议，会议上由生产技术科汇报安全技术措施的执行情况。

（五）重大安全技术措施，由工程部向公司领导汇报执行情况。

5.1.6 监督检查落实

（一）工程开工前，技术部门应认真向参加施工的全体人员进行安全技术措施交底，让全体施工人员明白工程施工的特点及各时期安全施工的要求，使全体施工人员明确各自岗位的职责和安全操作方法，这是落实施工安全技术措施的关键。

（二）现场安全员必须认真履行检查、督促的职责，切实保证安全技术交底工作不流于形式，增强全体作业人员的自我保护意识。

（三）监管部门应监督安全技术措施的制定和施工方案的编制工作，定期或不定期地检查安全技术措施的执行情况。

5.1.7 验收

（一）安全技术措施实施前，应办理检查确认手续，之后方可试执行。经试执行三个月，正常后，在总工程师或副总工程师的领导下，由技术、设备、安全等部门会同所在部门，按设计要求组织验收。

（二）设计单位应在使用单位的配合下针对安全技术措施的执行情况撰写技术总结报告，对其安全技术及其技术效果和存在的问题作出评价。

（三）安全技术措施验收合格投入使用后，应纳入正常管理。

5.2 安全检查制度

5.2.1 说明

保证安全施工、做好劳动保护工作是公司管理工作的基本任务之一，重视安全施工、保护职工身心健康是安全管理部门的重要职责，为做好这一工作特制定施工现场安全检查制度。

（一）牢固树立"安全第一，预防为主"的思想，坚决贯彻"生产必须管安全"的原则，把安全生产作为头等大事来抓，认真落实"安全生产，文明施工"的规定。

（二）安全技术措施要有针对性，安全交底要认真细致，确实起到应有的作用，现场的各种材料、施工设备，必须按施工平面图进行布置，现场的安全、卫生、防火设施要齐全、有效。

（三）应在切实保障职工安全的条件下施工，施工中搭设的各种脚手架、井架等临时设施，均应符合国家安全技术规程的标准。加强职工安全生产技术知识的教育工作，坚决制止违章指挥和违章作业。

（四）做好施工安全日记和安全记录，保存好安全档案资料。

（五）工地每月进行两次安全检查，分别在每月的 15 日和月底进行，检查方法是以各班组自查为主，互查为辅，重点查制度、记录、隐患，并结合时令开展季节性防洪、防雷、防坍塌、防坠落、防毒、防火、防中暑等工作。

（六）安全检查应做到，一经查出必须整改，并且要定人、定时、定措施，并由专人督促完成，施工现场应建立一套完整的与效益挂钩的安全生产制度。

5.2.2 总则

（一）公司按《建筑施工安全检查标准》（JGJ 59—2011）组织定期和不定期的安全、文明施工大检查，至少每月一次，施工项目部至少半月一次，各班组每周不少于一次。

（二）安全检查每次都要有记录，对查出的事故隐患应做到定人、定时、定措施，落实资金，全面整改。

（三）施工员和安全员应对整改结果进行复查，合格后才可以继续施工。一时难以整改的，签发整改通知单，限期整改并进行复查。

（四）检查结果及整改情况的有关资料应及时归档。

5.2.3 定期检查制度

（一）对生产中的安全工作，除经常进行检查外，每年还应定期进行二至四次群众性检查，这种检查包括普遍性检查、专业性检查和季节性检查，这几种检查可结合进行。

（二）安全生产检查由生产管理机构总体负责，由安全管理机构具体实施。

（三）定期检查时间：公司每季度一次，项目部每周六均应进行检查；班组长、班组兼职安全员班前对施工现场、作业场所、施工设备进行检查，班中检查安全措施落实情况，发现问题立即整改。

（四）专业性检查：可突出专业的特点，如针对施工用电、机械设备等组织的专业性检查。

（五）季节性检查：雨季检查，应以防漏电、防触电、防雷击为重点进行检查；冬季检查，应以防火灾、防触电、防煤气中毒为重点。

5.2.4 抽查制度

根据公司或部门安全生产工作情况，针对生产经营过程中可能发生的安全问题进行抽查或巡查。

5.2.5 安全生产事故隐患的排查整改和上报制度

（一）安全生产管理机构要定期组织安全检查，对检查中发现的事故隐患要及时整改。同时，对隐患的发现时间、采取的措施、整改情况、责任人、验收人等进行详细登记。

（二）班组要定期检查职责范围内的安全情况，对上报的或检查中发现的安全事故隐患，要及时采取有效措施限期消除，以书面的形式及时将事故隐患的整改情况向主管领导及安全技术办公室汇报。

（三）加强对重大事故隐患的排查、整改和管理。对重大事故隐患和本部门无法解决的隐患，在采取必要的临时安全措施的同时，应迅速将情况上报安全生产管理机构。

（四）建立安全事故隐患排查整改档案。

（五）安全生产管理机构负责对事故隐患整改情况进行督查。

（六）各班组解决不了的事故隐患由安全生产管理机构列入重大隐患整改计划，报单位负责人审批同意，聘用专业技术人员按计划进行整改。

5.3　临时用电安全检查制度

5.3.1 总则

为了认真贯彻落实"安全第一，预防为主"的方针，保证生产顺利进行，防止触电事故的发生，特制定施工现场临时用电定期检查制度。

5.3.2 适用范围

本制度适用于公司所属各项目的施工用电管理。

5.3.3 引用文件及标准

《施工现场临时用电安全技术规范》（JGJ 46—2005）和《建筑施工安全检查标准》（JGJ 59—2011）。

5.3.4 各部门职责

（一）安全监督部

1.负责对临时用电设备、设施进行定期和不定期的检查。

2.参与审核临时用电安全技术措施（方案），参与设备、设施的验收工作。

3.总工程师负责临时用电施工组织设计方案的审批工作。

（二）项目经理部

1.负责编制临时用电施工组织设计方案，并组织实施。

2.对施工现场进行检查，针对上级监督、检查部门提出的问题，负责组织整改。

3.组织临时用电设备、设施的验收工作。

（三）负责检查内容

1.工地现场电工每天上班前检查一遍线路和电气设备的使用情况，发现问题及时处理。每月对所有的配电箱、开关箱进行一次检查和维修，并对检查和维修情况做好记录。

2.工地现场每星期由项目经理负责组织安全员、技术员、电工对工地的用电设备、用电情况进行全面检查，并把检查的情况写成材料入档备案。

3.每月对现场的临时用电情况进行全面检查，查出问题时，定人、定时、定措施进行整改，并对整改的情况进行复检。

4.按《施工现场临时用电安全技术规范》（JGJ 46—2005）和国家工程建设强制性条文（建筑安全）中的有关内容进行检查。

5.项目经理部每周应至少进行一次检查，并对检查中发现的问题和隐患进行整改。

6.公司安全监督部每月对现场临时用电情况检查一次。查出的问题，责成项目经理部限期整改。

7.在安装现场临时用电设施后，必须经项目经理部等有关部门检查合格方可投入使用。

8.工程基础完成后，由项目经理部组织，公司安全监督部进行验收，达到合格后方可全面投入运行。

9.当施工现场发生临时用电重大事故时，项目责任人应立即到现场采取有效措施，并报告安全监督部。

5.4　安全检查值班考勤制度

（一）安全生产要经常抓，天天抓。为保障职工身心健康，避免伤亡事故，故应建立安全轮流值日制度。

（二）各施工现场由队长指定责任心强、具有一定安全技术素质的人员或者兼职安全人员在工地轮流值班。

（三）安全值日人员要佩戴"安全值日"红色袖套，并按制定的安全值日责任制度对全工地进行监督、检查，对不符合用电安全的人和事要立即制止，对劝阻不听或有意违反者，有权给予批评教育，甚至罚款。

（四）不穿劳动保护用品的职工，不准进入施工现场，饮酒后的工人不准上班。

（五）安全值日人员必须做好当天的安全记录并签字，发现重大问题要及时向现场领导报告。

（六）上级领导应经常检查安全值日人员的工作情况，提出奖励和批评。

（七）实行安全值日奖惩制度，对认真负责、持之以恒、成绩显著者应予以奖励。相反，对责任心不强，甚至造成安全损失者应视情节轻重给予惩处。

（八）对违章指挥、违章作业、违反劳动纪律的"三违"行为应及时制止，不听者，有权向上级报告或越级报告。

（九）施工现场出现险情，来不及向上级报告时，有权采取果断措施，命令职工停止工作，将人员撤至安全区域，然后再向上级报告，采取相应措施。

（十）安全值日接交班时，必须完善交接手续，并向接班人讲明安全概况，主要交代必须由接班人继续处理的重要安全事务。

5.5 施工现场安全检查制度

（一）生产班组每天上班前须进行安全技术交底，并及时做好班组安全活动记录，交底要有针对性的内容。

（二）施工员、安全员每天须对作业面进行日常安全检查，对检查时发现的问题要及时采取整改措施，落实执行人员和整改期限。

（三）项目工程部每周组织有关人员进行安全检查，并由安全员及时做好台账。

（四）检查要有重点，要讲究实效，并发出项目整改书面通知单，建立整改反馈档案制度。

（五）要设置专人负责安全生产的管理及有关记录工作，对短期内不能及时整改的重大隐患，应采取紧急措施并向上级请示。

（六）要及时制止操作班组或个人违反安全操作规程和安全制度的行为，并采取相应的奖惩措施。

5.6　卫生防疫制度

要高度重视建筑工地的卫生防疫工作，各部门要进一步统一认识，明确责任，落实卫生防疫相关制度。工地要强化以项目经理为第一责任人的卫生防疫工作责任制，建立卫生防疫组织网络，建立长效管理制度，及时贯彻卫生等管理部门的工作计划，切实保障职工的身心健康。

为创造良好的工作环境，养成良好的施工作风，保障职工的身心健康，应明确划分施工区域和生活区域，把施工区和生活区分成若干片，分片包干，建立责任区，从道路交通、消防器材、材料堆放，到厨房、宿舍、厕所等，都要有专人负责，保证文明施工。

5.6.1 施工区卫生防疫管理制度

（一）环境卫生管理措施

1.施工现场要天天打扫，保持整洁，保证场地平整，道路畅通，做到无积水，有排水措施。

2.施工现场严禁大小便，发现有随地大小便现象要对责任区负责人进行处罚。明确划分专人负责区域，设置标志牌，标志牌上注明姓名和管理范围。

3.应按比例绘制卫生区的平面图，并注明责任区编号和负责人姓名。

4.要及时清理施工现场零散的材料和垃圾，垃圾临时存放时间不得超过三天，如违反本条规定，则要对工地负责人进行处罚。

5.要用容器或小推车处理楼内的垃圾。

6.施工现场的厕所，做到有顶、门窗齐全（有纱窗），做到天天打扫。

7.为了职工的身心健康，施工现场必须设置保温桶和开水桶（水杯自备），公用杯子必须采取消毒措施。

（二）环境卫生定期检查记录

要定期检查施工现场的卫生情况，发现问题，限期整改。

5.6.2 生活区卫生防疫管理制度

（一）宿舍卫生管理规定

1.职工宿舍做到天天打扫，保持室内窗明地净。

2.宿舍内铺上、铺下要做到整齐美观，被子叠放整齐，按规定码放提包和鞋，不得到处乱放。

3.宿舍内保持清洁卫生，清扫出的垃圾倒在指定的垃圾站，并及吋清理。

4.宿舍室内和宿舍四周要保持干净，生活垃圾要集中堆放，及时外运，不符合此条要求的，处罚当天卫生值班员。

5.应有污水池处理生活废水，做到卫生区内无污水、无污物。不得出现废水乱流的现象。

（二）宿舍卫生值班记录

宿舍值班人员负责当天的卫生工作，禁止其他人员乱扔废纸、废物，不准随地吐痰。

（三）宿舍冬季取暖炉安装验收

冬季取暖炉的防煤气中毒设施必须齐全、有效，建立验收合格证制度，验收合格后，方准使用。

5.6.3 食堂卫生防疫管理制度

根据《中华人民共和国食品安全法》，依照食堂规模的大小，入伙人数的多少，应当有相应的食品原料处理、加工、贮存等场所及必要的卫生设施；要做到防尘、防蝇，与污染源应保持一定的距离，并保持内外环境的整洁。

5.6.4 办公区卫生防疫管理制度

（一）公共区域环境卫生管理

1.公共区域的卫生由办公室全体人员轮流负责打扫，并排出值班表。

2.值班人员负责打扫卫生、打水，做好来访记录，整理好文具。文具应摆放整齐。做到窗明地净，无蝇、无鼠。

3.公共区域及个人区域地面干净清洁，无污物、污水、浮土，无卫生死角。

4.门窗干净、无尘土，玻璃清洁、透明。

5.墙壁清洁，表面无灰尘、污渍。

6.挂件、画框及其他装饰品表面干净、整洁。

7.卫生间、洗手池内无污垢，要经常保持清洁，毛巾放在固定（或隐蔽）的地方。

8.卫生工具用后及时清洁、整理，摆放整齐。

9.垃圾篓摆放紧靠卫生间并及时清理，无溢满现象。

（二）办公用品卫生管理

1.办公桌面：办公桌面只能摆放必需物品，其他物品应放在个人抽屉内，暂不需要的物品就放回柜子里，不用的物品要及时清理掉。

2.办公文件、票据：办公文件、票据等应分类放进文件夹、文件盒中，并整齐地摆放至办公桌的左上角。

3.办公小用品如笔、尺、橡皮擦、订书机、起钉器等，应放在办公桌一侧，使用完后放回原位。

4.电脑：电脑键盘要保持干净，下班或者离开前电脑要关机。

5.报刊：报刊应摆放到报刊架上，要定时清理过期报刊。

6.饮水机、灯具、打印机、传真机、文具柜等的摆放要整齐，保持表面干净，无灰尘、蜘蛛网等；办公室内的电线走向要美观、规范，要用护钉固定，不可乱搭、乱接。

7.新进设备的包装和报废设备，以及不用的杂物应按规定的程序及时予以清理。

（三）个人卫生管理

1.不随地吐痰，不随地乱扔垃圾。

2.下班后要整理办公桌上的用品，摆放整齐。

3.禁止在办公区域抽烟。

4.下班后先检查各自办公区域的门窗是否锁好，将一切电源切断后方可离开。

5.办公室门口及窗外不得丢弃废纸、烟头，不得倾倒剩茶叶。

5.7 消防安全管理制度

5.7.1 总则

为了认真贯彻消防工作"预防为主、防消结合"的指导方针，让每个人都懂得消防工作的重要性，增强职工的防范意识，公司实行逐级消防安全责任制和岗位安全责任制。

5.7.2 消防安全教育、培训制度

（一）定期组织施工人员学习消防法规和各项规章制度，增强施工人员的消防意识。

（二）各部门针对岗位特点开展消防安全教育培训活动。

（三）实地演示消防设施的维护保养流程，对使用人员进行培训。

（四）对新员工进行岗前消防培训，考试合格后方可上岗。

5.7.3 防火巡查、检查制度

（一）逐级落实消防安全责任制和岗位消防安全责任制，落实防火巡查、检查制度。

（二）检查部门应及时向受检部门通报检查情况，负责人应每日进行消防安全检查，并通报消防安全检查情况，若发现存在火灾隐患，应及时整改。

（三）检查中发现火灾隐患的，检查人员应填写防火检查记录表，并按照规定，要求有关人员在记录表上签字。

5.7.4 施工现场防火的安全管理制度

（一）施工现场负责人应全面负责施工现场的防火安全工作，建设单位应督促施工单位具体负责现场的消防管理和检查工作。

（二）各单位在编制施工组织设计方案时，施工总平面图、施工方法和施工技术均要符合消防安全要求。

（三）施工现场应明确划分用火作业区、易燃可燃材料堆放区、仓库、易燃废品集中站和生活区等区域。

（四）施工作业期间需搭设临时性建筑物时，必须经施工企业技术负责人批准，施工结束后应及时拆除；不得在高压架空线下面搭设临时性建筑物或堆放可燃物品。

（五）施工现场夜间应有照明设备，保证消防通道畅通无阻，并要安排人力，加强巡逻。

（六）在焊、割作业点，氧气瓶、乙炔瓶、易燃易爆物品的距离应符合有关规定。达不到上述要求的，应执行动火审批制度，并采取有效的安全隔离措施。

（七）施工现场应配备足够的消防器材，指定专人维护、管理，定期更新，保证消防器材的有效性。

（八）冬季施工采取保温、加热措施时，应进行安全教育。

施工过程中，应安排专人巡逻检查，发现隐患及时处理。

（九）施工现场用电时，应严格执行上级有关文件的规定，加强电源管理，防止发生火灾。

5.7.5 用火安全管理制度

（一）严格执行动火审批制度，确实需要进行动火作业时，作业单位应按规定向消防工作归口管理部门申请"动火许可证"。

（二）进行动火作业前应清除动火点附近 5 米范围内的易燃易爆危险物品或做适当的安全隔离，并向保卫部借取适当种类、数量的灭火器材随时备用，结束作业后应及时归还，若有动用应如实报告。

5.7.6 火灾隐患整改制度

（一）各部门应当及时消除火灾隐患。

（二）若发现火灾隐患，必须立即消除，一时难以消除的隐患，要定人员、定时间、定措施进行整改。

（三）在防火安全检查中，应对所发现的火灾隐患进行逐项登记，并以书面的形式将隐患情况下发给各部门进行整改，同时做好隐患整改情况记录。

（四）在火灾隐患未消除前，各部门应当落实防范措施，确保隐患整改期间的消防安全。对无能力解决的重大火灾隐患，应当提出解决方案，及时向单位消防安全责任人报告，并向单位上级主管部门或当地政府报告。

（五）对检查单位要求限期消除的火灾隐患，应当在规定期限内整改，并出具隐患整改的复函，报送检查单位。

5.7.7 用电安全管理制度

（一）严禁随意拉设电线，严禁超负荷用电。

（二）电线、设备的安装应由持证电工负责。

（三）下班后，该关闭的电源应予以关闭。

（四）禁止私自使用电热棒、电磁炉等大功率电器。

5.7.8 消防安全隐患及对策表

消防安全隐患及对策如表 5-1 所示。

表 5-1 消防安全隐患及对策表

序号	隐患预测	原因	对策
1	思想麻痹、安全意识薄弱	未经三级安全教育	加强对职工和临时工的安全教育，提高职工安全意识；进行安全教育、培训和考核；各专业工种必须持证上岗；加强安全宣传工作
2	习惯性违章	图方便，存在侥幸心理，监督不力，执勤不严	加强监督、巡查；充分发挥兼职安全员的作用；严格落实各项规章制度，采取违章下岗，学习考核合格后再上岗等措施
3	触电、伤人	施工设备及线路破损、老化、漏电，无防护措施	经常检查电气设备及电线，安装漏电保护装置；操作电器应由专人按规定程序进行操作和维护；用电方式要符合规定，设专人管理；给施工电源变压器加设围栏；施工机具按规定接地线或接零线
4	交叉作业伤人	施工场地混乱，互相干扰；交叉作业各方安全措施及安全交底做得不够或落实不到位；"三不伤害"的意识不强；施工现场环境改变，交叉作业负责人没有互相告知，或没有告知工作人员	各方负责人商定各自施工范围及安全注意事项；在有危险的出入口设围栏或悬挂警告牌；垂直交叉作业，各层间必须搭设严密、牢固的防护隔离措施；变更或修改安全设施时要互相告知，并取得交叉作业各方负责人的同意；增强职工自我保护及"三不伤害"意识
5	焊接作业，氧气、乙炔作业，造成火灾或伤人	焊渣飞溅，明火遇易燃物，氧气瓶、乙炔瓶放置太近，造成火灾、烫伤、刺伤	严格按照操作规程作业

5.8 事故报告处理制度

5.8.1 总则

为了规范生产安全事故的报告和调查处理流程，落实生产安全事故责任追究制度，防止和减少生产安全事故，根据《中华人民共和国安全生产法》《生产安全事故报告和调查处理条例》及有关法律法规制定本制度。

5.8.2 安全生产事故等级的划分

《生产安全事故报告和调查处理条例》中关于生产安全事故造成的人员伤亡或者直接经济损失事故等级划分的规定如下：

（一）特别重大事故，是指造成 30 人以上死亡，或者 100 人以上重伤（包括急性工业中毒，下同），或者 1 亿元以上直接经济损失的事故。

（二）重大事故，是指造成 10 人以上 30 人以下死亡，或者 50 人以上 100 人以下重伤，或者 5 000 万元以上 1 亿元以下直接经济损失的事故。

（三）较大事故，是指造成 3 人以上 10 人以下死亡，或者 10 人以上 50 人以下重伤，或者 1 000 万元以上 5 000 万元以下直接经济损失的事故。

（四）一般事故，是指造成 3 人以下死亡，或者 10 人以下重伤，或者 1 000 万元以下直接经济损失的事故。

5.8.3 安全生产事故报告

（一）事故报告

发生事故后，事故现场有关人员应当立即向本单位负责人报告；单位负责人接到报告后，应当于 1 小时内向事故发生地县级以上人民政府安全生产监督管理部门和负有安全生产监督管理职责的有关部门报告。情况紧急时，事故现场有关人员可以直接向事故发生地县级以上人民政府安全生产监督管理部门和负有安全生产监督管理职责的有关部门报告。

（二）事故报告应当包括下列内容

1.事故发生单位概况。

2.事故发生的时间、地点以及事故现场情况。

3.事故的简要经过。

4.事故已经造成或者可能造成的伤亡人数（包括下落不明的人数）和初步估计的直接经济损失。

5.已经采取的措施。

6.其他应当报告的情况。

项目部负责人接到事故报告后，应当立即启动事故相应应急预案，或者采取有效措施，组织抢救，防止事故扩大，减少人员伤亡和财产损失。

事故发生后，应当妥善保护事故现场以及相关证据，任何单位和个人不得破坏事故现场、毁灭相关证据。

因抢救人员、防止事故扩大以及疏通交通等，需要移动事故现场物件的，应当做出标志，绘制现场简图并进行书面记录，妥善保存现场重要痕迹和物证。

5.8.4 事故调查处理

事故发生后项目部应积极配合事故调查组调查、取证，为调查组提供一切便利。不得拒绝调查、不得拒绝提供有关情况和资料。若发现有上述违规现象，除对责任者视其情节轻重给予通报批评和罚款外，责任者还必须承担由此产生的一切后果。

事故处理要坚持"四不放过"的原则。

在进行事故调查分析的基础上，项目部应根据事故调查报告中提出的事故纠正和预防建议，制定详细的纠正和预防措施，经公司安全部门审批后，严格组织实施。事故纠正与预防措施实施后，由公司安全部门负责实施验证。

对事故责任单位和责任人，由公司依据事故调查报告中对事故责任单位和责任人的处理意见和建议，进行行政处分和经济处罚，触犯法律，构成犯罪的，交由司法机关依法追究刑事责任。

对事故伤亡人员的工伤认定、劳动鉴定、工伤评残和工伤保险待遇处理，由公司工会和安全部门按照国务院公布的《工伤保险条例》有关规定进行处置。

事故调查处理结束后，项目部、安全管理机构应负责将事故原因及对责任人的处理结果等当作事故案例，组织全体职工进行学习，从中吸取教训，防止类似事故再次发生。

每起事故处理完毕后，项目部、安全部门应收集整理事故调查处理资料，进行归档管理。

5.8.5 安全生产事故档案

（一）事故调查笔录。

（二）事故现场照片、示意图、技术鉴定资料等。

（三）事故调查报告。

（四）事故调查处理报告。

（五）对事故责任者的处理决定。

（六）安全生产监察局、安全监督站对事故处理结果的批复。

（七）其他有关资料。

5.8.6 事故整改

（一）对发生的事故要逐项分析研究，并落实整改措施。做到"四定""三不推"（定措施、定负责人、定资金落实、定整改期限；凡是员工能整改的不推给班组，班组能整改的不推给部门，部门能整改的不推给公司）。

（二）对严重威胁安全生产但有整改条件的事故，由安全部门下达事故整改通知书，限期整改，整改单位在期限内整改后，要将整改回执上报安全部门，由安全部门组织验收。

（三）对暂不具备整改条件的重大事故，应积极采取有效应急防范措施，并纳入整改计划，限期解决或停工。

（四）项目部无能力解决的重大事故，除采取有效防范措施外，还要以书面的形式向董事会和政府安全监督管理部门报告。

（五）事故整改情况要报告上级主管部门，再由公司检查，由安全部门存档，各类重大隐患及整改情况均由安全部门汇总存档。

5.8.7 事故预防措施

（一）落实安全责任，实施责任管理。建立、完善以项目经理为第一责任人的安全生产管理组织，承担组织、领导安全生产的责任；建立各级人员的安全生产责任制度，明确各级人员的安全责任，抓责任落实、制度落实。

（二）安全教育与训练。管理与操作人员应具备安全生产的基本素质；经过安全教育培训，考试合格后方可上岗作业；特种作业（电工作业，起重机械作业，电、气焊作业，登高架设作业等）人员，必须经专门培训、考试合格并取得特种作业上岗证，方可独立进行特种作业。

（三）安全检查。安全检查是发现危险源的重要途径，是消除事故隐患、防止事故伤害、改善劳动条件的重要方法。

（四）作业标准化。按科学的作业标准，规范各岗位、各工种作业人员的行为，是防范安全事故的有效措施。

（五）生产技术与安全技术的统一。生产技术与安全技术在保证生产顺利进行、实现效益这一共同目标上是统一的，要坚持"管生产必须同时管安全"的管理原则，落实安全生产责任制度。

（六）施工现场文明施工管理。施工现场文明施工管理是消除危险源、防范安全事故必不可少的内容，现场文明施工管理包括现场管理（包括现场保卫工作管理）、料具管理、环保管理、卫生管理等四项内容。

（七）正确对待事故的调查与处理过程。

5.8.8 事故处理"四不放过"原则

发生事故后的"四不放过"处理原则，其具体内容如下：

一是事故原因未查清不放过；

二是责任人员未受到处理不放过；

三是事故责任人和周围群众没有受到教育不放过；

四是事故指定的切实可行的整改措施未落实不放过。

事故处理的"四不放过"原则要求对安全生产事故进行严肃认真的调查处理，吸取教训，防止同类事故重复发生。

"四不放过"原则有四层含义。

（一）第一层含义

"四不放过"原则的第一层含义是要求在调查安全生产事故时，首先要把事故原因分析清楚，找出导致事故发生的真正原因，不能敷衍了事，不能在尚未找到事故主要原因时就轻易下结论，也不能把次要原因当成真正原因；未找到真正原因决不轻易放过，直至找到事故发生的真正原因，并厘清各因素之间的因果关系，最终达到明确事故原因的目的。

（二）第二层含义

"四不放过"原则的第二层含义也是安全生产事故责任追究制度的具体体现，对事故责任者要严格按照安全生产事故责任追究制度和有关法律法规的规定进行严肃处理。

（三）第三层含义

"四不放过"原则的第三层含义是要求在调查安全生产事故时，不能认为原因分析清楚了，有关人员也处理了就算完成任务了，还必须使事故责任者和广大群众了解事故发生的原因及事故造成的危害，让广大群众深刻认识到搞好安全生产的重要性，使大家从事故中吸取教训，在今后的工作中更加重视安全生产工作。

（四）第四层含义

"四不放过"原则的第四层含义是针对事故发生的原因，在对安全生产事故进行调查的同时，必须提出防止相同或类似事故发生的切实可行的预防措施，并督促事故发生单位加以落实。只有这样，才算达到了事故调查和处理的最终目的。未落实安全生产责任制，导致重大安全生产事故的，要严格按照《国务院关于特大安全事故行政责任追究的规定》，严肃追究有关领导和责任人的责任。

5.9　安全技术交底制度

安全技术交底是建筑施工管理的重要途径，为了使施工操作人员明确施工生产作业的安全操作要点和安全防范措施，杜绝和减少各类事故的发生，特制定本制度。

5.9.1 安全技术的要求

（一）在使用各种机械设备前，要针对项目施工的特点，就危险点、重要控制环节以及每个分部、分项的工序进行安全技术交底。

（二）要明确作业设备的操作流程和操作要领，特别是安全操作规定。

（三）要根据人员和机械设备的特点，提出保证安全生产的措施。

（四）要针对工业卫生、环境条件提出安全防护和文明施工标准，制定针对紧急情况的应急措施。

5.9.2 安全技术交底内容

（一）本工程项目施工作业特点。

（二）本工程项目施工作业中的危险点。

（三）针对危险点的具体防范措施。

（四）施工中应注意的安全事项。

（五）要关注的安全操作和标准。

（六）一旦发生事故，及时采取的避难措施。

5.9.3 分级进行安全技术交底

工程开工前或超过一定规模的危险性较大的分部、分项工程施工前，由公司技术负责人（或公司技术安全管理部门负责人）向项目部管理人员（项目经理、项目技术负责人、安全员、质检员、施工员）进行书面安全技术交底。

在分部、分项工程施工前，项目技术负责人（或项目部安全员、施工员）向班组长进行书面安全技术交底。

在分项工程施工班前，班组长向班组内进场的进行具体施工操作的所有工人进行书面安全技术交底。

（一）公司级安全技术交底

在施工合同签订后，由于项目的特殊性和复杂性，（如有必要）公司总工程师可以组织工程管理部、物资部等相关部门根据投标文件、施工合同、工程设计文件、设备资料等对项目部进行公司级安全技术交底并形成记录。

公司级安全技术交底的主要内容包括公司对该项目工程的总体策划、公司安全技术管理总体规划和公司对该项目的特殊要求等，一般有以下内容：

1.本项目的安全目标；

2.主要安全技术措施、事故应急救援预案等；

3.投标文件和工程承包合同中主要的安全承诺和要求；

4.公司安全检查、考核奖惩的实施办法、标准；

5.其他安全施工注意事项。

（二）项目部级安全技术交底

在项目工程开工前，项目总工程师应根据施工组织设计方案、工程设计文件、施工合同等资料组织项目部、工程技术部、物资部、分包单位及施工队等有关安全技术的负责人、专业安全工程师、施工技术负责人、专职安全人员进行技术交底，并形成记录。

项目部级安全技术交底的主要内容一般包括以下几点：

1.本项目的安全组织机构和人员责任分工。

2.本项目的工程规模、承包范围及其主要内容，内部施工范围划分。

3.安全文明施工、职业健康的主要目标和保证措施。

4.危险源特点、危害性质、存在部位、预防措施、应急救援方法及危险源分布情况。

5.主要施工工序，主要安全施工技术方案。

6.施工项目的生产安全事故应急救援程序、内容、实施方法和保证措施。

7.重大安全施工项目方案（如深基坑支护、脚手架拆装、土石方开挖、起重运输吊装、新型设备安装等）。

8.本项目安全检查、考核、奖惩的实施标准、办法。

9.安全操作规章制度、标准规程、工艺程序等。

10.安全防护用品的正确使用、维护、保养方法。

11.施工安全技术总结的内容。

12.其他施工安全注意事项。

（三）施工队安全技术交底

在本施工队施工项目开工前，施工队长或施工队专业安全工程师应根据施工组织设计、工程设计文件和上级安全技术交底的内容等，对本施工队施工范围内的施工负责人、安全技术管理人员、施工班组长和主要施工人员进行安全技术交底，并填写施工安全技术交底记录表。

交底的内容一般包括以下几点：

1.本施工队的施工范围和主要施工内容，施工项目特点以及设计意图。

2.本施工队施工范围内的危险源特点、分布情况、危害性质、存在部位、预防措施、应急救援方法。

3.本施工队的施工安全目标和保证措施。

4.上级安全技术交底资料的全部内容及要求。

5.本施工队施工项目的施工工艺、安全技术措施及注意事项。

6.本施工队施工范围内的安全操作规章制度、标准规范、施工工艺、施工程序、防护措施及机械设备操作注意事项等。

7.其他施工注意事项。

（四）班组安全技术交底

班组在施工作业前，由班组长根据项目部、施工队、作业指导书、施工图纸及上级安全技术交底相关内容对班组施工人员进行安全交底，并填写施工安全技术交底记录表。交底内容主要包括具体的施工过程、安全防护方法、保障措施，一般包括以下内容：

1.本班组施工项目的内容、工程概况。

2.施工队安全技术交底的全部内容。

3.施工步骤、操作方法及采用新安全技术的操作要领，安装安全防护设备的注意事项，施工机械设备的操作规程。

4.其他施工注意事项。

5.9.4 安全技术交底的审批和执行

（一）开工前，项目技术负责人将工程概况、施工技术措施等情况向全体施工管理人员进行详细交底。

（二）每一分部、分项工程施工前，工长要根据工程情况，向施工队长或班组长进行书面安全技术交底。

（三）对特殊工种的作业、机械设备的作业、机械设备的安拆与使用、安全防护设施的搭拆等，工长均要对操作班组进行书面安全技术交底。

（四）对专业性较强的分项工程，要先编制施工方案，然后根据施工方案进行有针对性的安全技术交底，不能以交底代替方案，或以方案代替交底。

（五）有两个以上工长或不同工种配合施工时，工长要按工程进度定期或不定期地向有关班组长进行交叉作业的安全交底。

（六）安全技术交底要经技术负责人和班组长签字才能生效。交底字迹要清晰，必须本人签字，不许代签。

（七）班组长要根据交底要求，对操作工人进行针对性的班前作业安全交底，操作人员必须严格执行安全交底的要求。

（八）安全交底要全面、有针对性，符合有关安全技术操作规程的规定，内容包括施工要求、作业环境及可能存在的问题等，严禁工长、劳务队长、班组长违章指挥。

（九）安全交底后，工长、安全员、班组长等要对安全交底的落实情况进行检查，监督操作工人严格按安全交底的要求施工，制止违章作业活动。

（十）对特殊工种的作业、机械设备的安拆、安全防护设施的搭拆等进行安全技术交底后，必须有技术负责人、工长、施工队长（班组长）、安全员等验收，验收合格后方可实施。

5.10 安全生产责任追究制度

5.10.1 目的

（一）为了贯彻落实公司的安全生产管理制度，规范对安全、质量事故责任者的处理方式，根据国家有关法律法规并结合项目的实际情况制定本办法。对已发现的质量问题或已发生的事故进行跟踪处理，不断改进安全生产管理制度，防止类似的事故再次发生。

（二）保证严肃的工作纪律，制定安全生产责任追究制度。

5.10.2 范围

（一）各类定性为施工责任的质量问题和事故。安全、质量事故责任者包括事故单位、事故主要责任人、事故次要责任人及直接管理责任人、间接管理责任人。

（二）安全、质量事故的责任人若触犯刑律、涉及犯罪，交由公安、司法机关处理。

（三）以直接责任和间接责任划分事故责任的，则对直接责任人和间接责任人分别按本办法中的主要责任人和次要责任人条款进行处罚。

（四）对发现的安全、质量问题或发生的事故进行调查，划分责任。

（五）综合办公室负责实施行政处罚，情节严重的直接交由司法机关处理。

5.10.3 事故责任分类

（一）领导责任：针对中层以上管理人员就建章立制、宣传贯彻、培训指导、督促检查、审批论证、组织指挥、决策计划等管理方面的过失引发的事故应追究的责任。

（二）直接责任：责任人的过失是导致事故的最主要的原因，是诱发事故的必要条件，如错误操作、违章指挥、违章作业、违规违纪等。

（三）相关责任：与事故责任人或单位出现的事故有联系的部门，由于配合、支持、反馈、保障、服务等出现过失而不利于事故的预防、控制的责任。

5.10.4 事故管理

（一）对已查明的隐患，各项目部应建立预警机制，制订事故应急救援预案，无预案或预案不当者，应酌情对项目经理进行处罚。

（二）对于在检查过程中针对各种隐患提出的纠正措施，检查组织者要及时组织论证，限定合理的完成日期。

（三）组织相关部门和人员进行纠正措施实施的跟踪验证，并对落实效果进行评价，不符合要求的、效果不明显的，重新制定、论证，直至消除隐患为止。

（四）所有事故的处理均应遵循实事求是的原则，坚持"四不放过"原则。

（五）建立与本职责相关事故的台账，对已发生事故的发生原因、影响程度、处理措施等进行记录，并定期进行分析，总结事故教训，积累处理事故的经验，并进行趋势分析，提出相应的预防措施。

（六）及时召开事故分析会议，事故分析会议由事故调查小组负责，事故发生单位的主要负责人、事故岗位人员、事故岗位上下工序岗位主要管理人员，以及其他可能与事故有联系的部门人员都要参与。

5.10.5 行政处罚

（一）项目领导班子成员、各部门或作业基层负责人，对分管部门或本部门的安全事故负有直接领导责任，除经济处罚外，视情节给予行政警告、记过、降职或降级、撤（免）职、辞退或开除的处罚，其中：

1.由于内部或专业管理规章制度、程序、规程或作业指导书、工作技术标准等不健全，而使员工无章可循造成一般事故或未遂事故的，给予警告处分。

2.对由于各项规章的宣传、培训不到位而出现的一般事故或未遂事故，授意下属对事故进行隐瞒、虚报或故意拖延不报的，或当月累计警告两次的，进行公开批评。

3.因对各项规章制度贯彻、执行、检查不力而导致严重事故的，或累计记过两次的，处以降职处罚。

4.对工作不负责任，或故意破坏现场，隐瞒不报，妨碍、干涉、拖延事故调查，致使一般事故连续出现两次，或当月累计出现四次，或出现一次重大事故的，或连续降级两次的，应予以离职调查。

（二）事故责任员工或相关责任人除处以相应的经济处罚外，视情节轻重给予警告、记过、待岗、辞退处理，情节严重的追究刑事责任。

1.由于责任心不强、注意力不集中、工作失误、未经批准而擅自操作非职责内的或非常规业务活动引发一般事故或未遂事故的，处以警告。

2.由于违章操作、擅离岗位、配合不及时等造成一般事故的，对事故进行隐瞒、虚报或故意拖延不报者，或当月连续两次受警告处分的，进行公开批评。

3.由于以上原因导致严重事故的，或连续两次发生类似事故的，或同样的事故重复发生的，或累计记过两次的，进行待岗处理。

4.当出现紧急情况，不报告，又不采取有效措施而造成事故的，或由于以上原因导致重大事故的，予以辞退，甚至追究刑事责任。

（三）无论是经济处罚还是行政处罚，都由调查小组依照本制度提出处理建议，报公司副总经理、总经理逐级审批。

（四）所有处罚决定执行前交综合办公室备案，作为员工绩效考核、晋升、加薪的依据。

5.11 安全生产档案制度

建立和健全安全生产档案制度是安全生产管理的基础工作之一，也是检查、考核、落实安全生产责任制的资料依据，同时它为安全生产管理工作提供了分析、研究资料，从而帮助相关人员掌握安全动态，以便对每个时期的安全生产工作进行目标管理，达到预测、预报、预防事故的目的。目前，安全生产档案资料工作越来越受重视，许多企业都对安全生产档案资料分类进行了规范化、标准化的研究。鉴于此，我公司制定了安全生产档案制度，主要包括以下几个方面的内容。

（一）安全生产管理机构。公司成立安全生产小组及专职安全生产管理部门，安全生产管理小组领导成员要有具体分管安全生产的领导。以上组织机构都要以项目部内部文件的形式发布并保存有关安全生产的档案。

（二）安全生产责任制。安全生产管理小组根据国家和上级部门有关安全生产的法规、指令和要求，结合公司的实际情况建立安全生产责任制。在建立健全安全生产责任制的基础上制定关于安全生产的各项规章制度，同时根据本公司的情况，制定各工种的安全技术操作规程。

（三）安全生产目标管理制度。制定安全生产管理目标，要将安全生产责任目标分解，制定考核规定和考核办法。

（四）安全生产考核制度。制定安全生产考核制度，安全生产考核制度要有安全生产技术措施，以及专业性较强的考核内容。

（五）安全生产检查制度。安全生产管理小组制定安全生产检查制度，检查要有记录。安全生产检查中发现的事故隐患要有整改通知书，整改完后要有检查记录。安全生产检查评分表格要归档。

（六）安全生产宣传和教育培训制度。办公室等区域的安全生产宣传标牌、标志等，除有书面记录外，还应拍照进行归档。安全生产管理小组要制定安全生产教育制度，新员工入场前的三级安全教育、变换工种的安全教育、各工种工人的安全技术操作规程的培训、特种作业人员的培训与考核、施工管理人员的定期安全技术培训、专职安全员的专业培训与考核等，都要有书面记录，最后归档。

（七）班组安全生产活动制度。要制定班组安全生产活动制度，班组安全生产活动要有针对性，每次活动都要有记录。

（八）安全生产奖罚制度。在执行各项安全生产制度过程中，经过检查评比，对安全生产工作做出了显著成绩的单位和个人，对排除安全隐患有功人员，要给予奖励和表彰。对缺乏责任心，平时不重视安全生产，甚至造成安全事故的班组和个人，要进行处罚。一切安全生产奖罚资料都要归档。

（九）工伤事故档案管理制度。凡发生工伤事故，要组织人员进行调查，撰写调查报告，分析事故的发生原因，提出整改措施，使施工人员受到教育；提出对责任者的处理意见，按照"四不放过"的原则进行处理。凡发生工伤事故都要按规定进行报告，并建立工伤事故档案。

（十）有关安全生产的文件和会议记录制度。收集国家和上级部门有关安全生产、劳动保护的法律法规、操作规范、安全标准、工作条例，以及公司的各种通知、文件等。各种有关安全生产的会议都要有记录，会议记录都要整理归档。

（十一）总、分包工程安全生产文件资料，要有分包施工合同，合同条款要明确规定总、分包双方安全生产工作的责任；总、分包单位各自的生产经营范围和生产经营资质证件(可以留存复印件)。

（十二）做好安全生产管理资料的建档工作。首先要认真收集和积累资料，事前要有制度、有计划、有措施，过程中有检查、有记录，事后有资料；其次是要定期对资料进行整理和鉴定，保证资料的真实性、完整性；最后是将资料分目、编号、装订归档。

6 安全生产操作规程

6.1 一般规定

（一）建筑工程施工应坚持"安全第一，预防为主"的方针。

（二）生产班组在接受生产任务时，应同时组织班组全体人员听取安全技术措施交底讲解，没有进行安全技术措施交底或未向全体作业人员讲解，班组有权拒绝接受任务，并提出意见。

（三）施工现场的特种作业人员必须经过专门培训，考试合格获得特种作业操作证后，方可独立进行特种作业操作。

（四）进入施工现场的作业人员，必须首先参加安全教育培训，考试合格后方可上岗作业。

（五）从事特种作业的人员，必须进行身体检查，无妨碍本工种的疾病且具有岗位要求的文化程度，方可进行作业。

（六）不满 18 周岁的未成年人不得从事建筑工程施工工作。

（七）服从领导和安全检查人员的指挥，工作时思想集中，坚守作业岗位，未经许可不得从事非本工种作业，严禁酒后作业。

（八）建筑施工工人必须熟知本工种的安全生产操作规程和施工现场的安全生产制度，不违章作业，对违章作业的指令有权拒绝，并有责任制止他人违章作业。

（九）每日上班前，班组长必须召集所辖班组全体人员，针对当天任务，结合安全技术措施内容和作业环境，设施、设备的安全状况，以及本班组人员的技术素质、自我保护意识和思想状态，有针对性地进行班前活动，提出具体的注意事项，跟踪落实，并做好活动记录。

（十）每日上班前，班组长和班组专（兼）职安全员必须认真对作业环境、设施、设备进行检查，发现安全隐患，立即解决；若有重大隐患，报告领导解决，严禁冒险作业。作业过程中应巡视检查，随时纠正违章行为，解决新发现的安全隐患；下班前进行确认检查，机电是否拉闸、断电，门是否上锁，用火是否熄灭。施工垃圾自产自清，日产日清，做到活完、料净、场地清，确认无误，方可离开现场。

（十一）进入施工现场的人员必须正确佩戴安全帽，系好下颏带；按照作业要求正确穿戴个人防护用品，着装要整齐；登高作业（2 m 及以上）时，必须系好安全带；高处作业不得穿硬底和带钉易滑的鞋，不得向下投掷物料，严禁赤脚穿拖鞋、高跟鞋进入施工现场。

（十二）在施工现场行走要注意安全，不得攀登脚手架、井字架、龙门架、外用电梯。禁止乘坐非载人的垂直运输设备。

（十三）施工现场的各种安全设施、设备和警告、安全标志等未经领导同意不得随意拆除、挪动。

（十四）上班作业前应认真查看施工洞口临边安全防护设施和脚手架护身栏、挡脚板、立网是否齐全、牢固；脚手板是否按要求放正、绑牢，有无探头板和空隙。

（十五）六级以上强风和大雨、大雪、大雾天气，应停止露天高处作业和起重吊装作业。

（十六）作业中出现险情时，必须立即停止作业，组织人员撤离危险区域，及时报告领导，不准冒险作业。

（十七）脚手架未经验收合格前严禁上架子作业。

（十八）在沟、槽、坑内作业必须经常检查沟、槽、坑壁的稳定状况，上下沟、槽、坑必须走坡道或使用梯子。

（十九）施工现场用火，应申请办理用火证，并派专人看火，严禁在禁止烟火的地方吸烟、动火，吸烟可到吸烟室。

（二十）施工现场安全生产由总承包单位负责，分包单位必须服从总承包单位的管理与监督检查。

（二十一）施工现场发生伤亡事故，必须立即报告领导，抢救伤员，保护现场。

6.2 电工安全生产操作规程

（一）开关箱内必须安装漏电保护器和隔离开关，做到"一机、一闸、一漏、一箱"；箱内清洁，不得有杂物，箱内电气元件完好无损，接地、接零齐全规范；禁止用铜丝代替保险丝，要设置绝缘护套。

（二）配电箱、开关箱的进出导线必须采用绝缘良好的导线。

（三）接电线时要用绝缘胶布，外用防水胶布。

（四）配电箱应标明名称，做出分路标志，设门配锁，专人负责，并经常检查维修；维修人员必须是专业电工，操作人员必须穿绝缘鞋、戴手套，悬挂停电标志牌，使用电工绝缘工具，严禁带电作业，并由专人统一指挥。

（五）开关及电气装置必须完好无损，装设端正、牢固，不得拖地放置，带电导线之间接线必须绝缘包扎，严禁搭、挂、压其他物体，必须做固定连接。

（六）电气装置内部及邻近区域不得有杂物、杂草等。

6.3　电焊工安全生产操作规程

（一）焊机必须设保护接地装置。

（二）焊机的结构必须牢固，焊机各接触点应连接牢固，不能松动或脱落。

（三）推拉闸刀开关时，脸部不允许正对闸刀，以防止短路引起的火花烧伤面部。

（四）焊接时，应检查焊机和工具是否完好和安全可靠。焊机必须有隔离防护装置，焊机的接线标板和接线端要有防护装置。

（五）焊工必须穿戴防护工具，独焊工要戴无色玻璃眼镜，电弧焊焊工要戴防护罩。施焊时，焊工应站在干木垫或其他绝缘垫上。

（六）在室内进行电弧焊时，应有排气通风装置，焊工操作地点相互之间应设挡板，以免刺伤眼睛。

（七）电焊闪光区域内，须设铁皮隔挡。焊接时，禁止其他人员停留在闪光范围内，以免被火花烫伤；在焊机工作范围内严禁堆放易燃物品，以免引起火灾。

（八）焊工操作时必须戴好防护用品（如手套、绝缘帽），严格按照操作规程操作。

6.4 架子工安全生产操作规程

（一）架子工搭设架子时，周围应设围栏或竖立警戒标志，地面应设专人指挥，禁止非作业人员入内。

（二）高处作业人员应戴安全帽、系安全带、扎腿、穿软底鞋，准备妥当方允许上架作业。

（三）架子要有足够的面积方便工人安全作业，要满足材料堆放和运输需要；坚固、稳定，能保证施工期间在所规定荷载作用下或气候条件的影响下不变形、不摇晃、不倾斜，保证安全。

（四）作业时，操作人员统一指挥，上下呼应，动作协调，操作层上应留有脚手板，防止人、物坠落。

（五）脚手架应沿建筑物周围连续、同步搭设，形成封闭结构，因条件限制不能封闭时，应在脚手架的尽端设置连杆，以增加稳定性。

（六）搭设脚手架应选择同一材料，不能用钢、木混搭，脚手架的接点应用扣件扣牢，不准使用铁丝绑扎。

6.5 机械操作工安全生产操作规程

（一）工作环境干燥整洁，不得堵塞通道。

（二）多人工作的操作台，中间要设防护网，朝着对面方向时应错开。

（三）清洁用油、润滑油脂及废油脂，必须在指定地点存放，废油、废棉纱不准随地乱丢。

（四）扁铲、冲子等尾部不准淬火，出现卷边、裂纹时及时处理；剔铲工件时应防止铁屑飞溅伤人；不准反向使用活动扳手；打大锤时不准戴手套，大锤甩转方向不准有人。

（五）机械解体要有支架，架稳、垫实，有回转机构的要卡死。

（六）修理机械应选在平坦的地点，支撑牢固；使用千斤顶时，必须用支架垫稳。

（七）不准在发动的车辆下面操作。

（八）不准在车辆下面工作或检查，不准在机械前方站立。

（九）修理有毒、易燃易爆物的容器或设备时，应先仔细清洗，检查合格后打开空气通道，方可操作；在容器内操作，必须通风良好，外面应有人监护。

（十）检修中的机械，应有"正在修理，禁止开动"的警示牌，非检修人员一律不准发动或转动；检修中，不准将手伸进齿轮箱或用手指找正、对孔。

（十一）试车时应随时注意各种仪表、声响等，发现不正常情况应立即停车。

6.6 普通工安全生产操作规程

6.6.1 操作规定

（一）普通工在从事挖土、装卸、搬运和辅助作业时，工作前必须熟悉作业的内容、作业环境，对所使用的铁锹、铁镐、车子等工具要认真进行检查，不牢固不得使用。

（二）从砖垛上取砖应由上而下阶梯式拿取，严禁一码拿到底或在下面掏拿。传砖时应整砖和半砖分开传递，严禁抛掷传递。

（三）在脚手架、操作平台等高处用水管浇水或移动水管时，不得倒退猛拽；严禁在脚手架、操作平台上坐、躺，或背靠防护栏杆休息。

（四）进行淋灰、筛灰作业时必须正确穿戴个人防护用品（如胶靴、手套、口罩），不得赤脚、露体，作业时应站在上风向操作；遇四级以上强风，应停止筛灰。

6.6.2 装卸搬运

（一）使用手推车装运物料时，必须保持平稳，掌握重心，不得猛跑或撒把溜车；前后车距平地不得少于 2 m，下坡时不得少于 10 m。向槽内下料，槽下不得有人；在槽边卸料，车轮应挡掩，严禁猛推和撒把倒料。

（二）两人抬运，上下肩要同时起落，多人抬运重物时，必须由专人统一指挥、同起同落、步调一致，前后互相照应，注意脚下障碍物，并提醒后方人员，所抬重物离地高度以 30 cm 为宜。

（三）用井架、龙门架、外用电梯垂直运输，零散材料码放整齐、平稳，码放高度不得超过电梯轿厢，小推车车轮应挡掩；运长料时高度不得超出吊盘（笼），必须采取防滑落措施。

（四）跟随汽车、拖拉机运料的人员，车辆未停稳不得下车；装卸材料时禁止抛掷，并应按次序码放整齐；随车运料人员不得坐在物料前方。车辆倒退时，指挥人员应站在槽帮的侧面，并且与车辆保持一定距离，车辆行程范围内的砖垛、门垛下不得站人。

（五）装卸搬运危险物品（如氧气瓶、乙炔瓶等）和有毒物品时，必须严格按照安全技术交底措施执行；装卸时必须轻拿轻放，不得互相碰撞或掷、扔；作业人员要按照要求正确穿戴防护用品，严禁吸烟。

（六）休息时不得钻到车辆下面。

6.7 管工安全生产操作规程

（一）使用机电设备、机具前应认真检查，确认设备性能良好，检查电动机的漏电保护装置是否灵敏、有效，不得"带病"运转。

（二）操作机电设备，严禁戴手套，袖口要扎紧。机械运转中不得进行维修保养。

（三）使用砂轮锯时，用力要均匀，人站在砂轮片旋转方向的侧面。

（四）压力案上不得放重物或立放丝扳、手工套丝，应防止扳机滑落。

（五）用小推车运管件时，清理好道路，管件放在车上必须捆绑牢固。

（六）安装立管，必须将洞口周围清理干净，严禁向下抛掷物料。作业完毕必须将洞口盖板盖牢。

（七）电气焊作业前，应申请用火证，并派专人看管，备好灭火用具。焊接地点周围不得有易燃易爆物品。

（八）散热器组拧紧对丝时，必须将散热器放稳，搬抬时两人应用力一致，相互照应。

（九）在进行水压试验时，散热器下面应垫木板；散热器按规定压力值试验时，加压后不得用力冲撞、磕碰。

（十）人力装卸散热器时，所用缆索、杠子应牢固，使用井字架、龙门架或外用电梯运输时，严禁超载或放偏。散热器运进楼层后，应分散堆放。

（十一）稳挂散热器时应扶好，用压杠压起后平稳放在托钩上。

（十二）往沟内运管件，应上下配合，不得往沟内抛掷管件。

（十三）安装立、托、吊管时，要上下配合好；尚未安装的楼板预留洞口必须盖严、盖牢；使用的人字梯、临时脚手架、绳索等必须坚固、平稳；脚手架不得超重，不得有空隙和探头板。

（十四）采用井字架、龙门架、外用电梯往楼层内搬运瓷器时，每次不宜放置过多；瓷器运至楼层后应选安全的地方放置，下面必须垫好草袋或木板，以免磕碰受损。

6.8 通风工安全生产操作规程

（一）操作时用火，必须申请用火证，清除周围易燃物，配足消防器材，应有专人看火。

（二）下料所裁的铁皮边角余料，应随时清理堆放在指定地点，必须做到活完、料净、场地清。

（三）操作前应检查所用的工具，特别是锤柄与锤头的安装，必须牢固、可靠；活扳手的控制螺栓失灵或活动钳口受力后易打滑或歪斜时不得使用。

（四）在风管内操作铆法兰及腰箍冲眼时，管内外操作人员应配合一致，里面的人面部必须避开冲孔。

（五）人力搬抬风管和设备时，必须注意路面上的孔、洞、沟、坑和其他障碍物。通道上部有人施工，通过时应先停止作业。两人以上的操作要统一指挥，互相呼应。抬设备或风管时应轻起慢落，严禁随意抛、扔。往脚手架或操作平台搬运风管和设备时，不得超过脚手架或操作平台的允许荷载。在楼梯上抬运风管时，应步调一致，前后呼应，应避免跌倒或碰伤。

（六）搬抬铁板必须戴手套，并用破布或其他物品垫好。

（七）安装的脚手架，检查验收合格后方可使用。非架子工不得任意拆改脚手架。使用高凳或高梯作业，底部应有防滑措施并有人扶梯监护。

（八）安装风管时不得用手摸法兰接口，如螺丝孔不对，应用尖冲撬正。安装材料不得放在风管顶部或脚手架上，所用工具应放入工具袋内。

（九）在操作过程中，室内外如有井、洞、坑、池等，周边应设置安全防护栏杆或牢固盖板。安装立风管未完工程，立管上口必须盖严封牢。

（十）在斜坡屋面安装风管、风帽时，操作人员应系好安全带，并用索具将风管固定好，待安装完毕后方可拆除索具。

（十一）吊顶内安装风管，必须在龙骨上铺设脚手板，两端必须固定，严禁在龙骨、顶板上行走。

（十二）安装玻璃棉、消音及保温材料时，操作人员必须戴口罩、风帽、风镜、薄膜手套。作业完毕可洗热水澡冲净。

6.9　气焊工安全生产操作规程

（一）点燃焊（割）炬时，应先开乙炔阀点火，然后开氧气阀调整火焰。关闭时应先关闭乙炔阀，再关氧气阀。

（二）点火时焊炬口不得对人，不得将正在燃烧的焊炬放在工件或地面上。焊炬带有乙炔气和氧气时，不得放在金属容器内。

（三）作业中发现气路或气阀漏气时，必须立即停止作业。

（四）作业中若氧气管着火应立即关闭氧气阀门，不得折弯胶管断气；若乙炔管着火，应先熄灭焊炬火，可用弯折前面一段软管的办法灭火。

（五）在高处作业时，氧气瓶、乙炔瓶、液化气瓶不得放在作业区域正下方，应与作业点正下方保持 10 m 以上的距离。必须清除作业区域下方的易燃物。

（六）不得将橡胶软管背在背上操作。

（七）作业后应卸下减压器，拧上气瓶安全帽，将软管盘起来、捆好，挂在室内干燥处；检查操作场地，确认无着火隐患后方可离开。

（八）冬天露天作业时，如减压阀软管和流量计冻结，应使用热水（热水袋）、蒸汽或暖气设备化冻，严禁用火烘烤。

（九）使用氧气瓶应遵守下列规定：

1.氧气瓶应与易燃气瓶、易燃油脂以及其他易燃易爆物品分开存放。

2.存储高压氧气瓶时应旋紧瓶帽，放置整齐，留有通道，加以固定。

3.气瓶库房应与高温、明火地点保持 10 m 以上的距离。

4.氧气瓶在运输时应平放并加以固定，其高度不得超过车厢槽帮。

5.严禁用自行车、叉车或起重设备吊运高压氧气瓶。

6.氧气瓶应设有防震圈和安全帽，搬运和使用时严禁撞击。

7.氧气瓶阀不得沾有油脂、灰土；不得用带油脂的工具、手套或工作服接触氧气瓶阀。

8.氧气瓶不得在强烈日光下曝晒，夏季露天工作时，应搭设防晒罩、防晒棚。

9.氧气瓶与焊炬、割炬、炉子以及其他明火的距离应不小于 10 m，与乙炔瓶的距离不得小于 5 m。

10.开启氧气瓶阀门时，操作人员不得面对减压器，应用专用工具。开启动作要缓慢，压力表指针应灵敏、正常。氧气瓶中的氧气不得全部用尽，必须保证有不小于 49 kPa 的压强。

11.严禁使用无减压器的氧气瓶作业。

12.安装减压器时，应首先检查氧气瓶阀门，接头不得有油脂，并略开阀门清除油垢，然后安装减压器。作业人员不得正对氧气瓶阀门出气口。关闭氧气瓶阀门时，必须先松开减压器的活门螺丝。

13.作业中，如发现氧气瓶阀门失灵或损坏不能关闭时，应待瓶内的氧气自动逸尽后，再行拆卸修理。

14.检查瓶口是否漏气时，应使用肥皂水涂在瓶口上观察，不得用明火试。冬季阀门被冻结时，可用温水或蒸汽加热，严禁用火烤。

（十）使用乙炔瓶应遵守下列规定：

1.现场乙炔瓶储存量不得超过 5 瓶，存放 5 瓶以上时应放在储存间。储存间与明火的距离不得小于 15 m，并应通风良好，设有降温设施、消防设施和通道，避免阳光直射。

2.储存乙炔瓶时，乙炔瓶应直立，并必须采取防止倾斜的措施。严禁与氯气瓶、氧气瓶及其他易燃易爆物同间储存。

3.储存间必须设专人管理，应在醒目的地方设安全标志。

4.应使用专用小车运送乙炔瓶，装卸乙炔瓶的动作应轻，不得抛、滑、滚、碰，严禁剧烈震动或撞击。

5.用汽车运输乙炔瓶时，乙炔瓶应妥善固定；瓶体宜横向放置，头向一方；直立放置时，车厢高度不得低于瓶高的 2/3。

6.乙炔瓶在使用时必须直立放置。

7.乙炔瓶与热源的距离不得小于 10 m，乙炔瓶的表面温度不得超过 40 ℃。

8.乙炔瓶使用时必须装设专用减压器，减压器与瓶阀的连接处应可靠，不得漏气。

9.乙炔瓶内气体不得用尽，必须保证有不小于 98 kPa 的压强。

10.严禁铜、银、汞等及其制品与乙炔瓶接触。

（十一）使用液化石油气瓶应遵守下列规定：

1.液化石油气瓶必须放置在室内通风良好处，室内严禁烟火，并按规定配备消防器材。

2.液化石油气瓶冬季加温时，可使用 40 ℃ 以下的温水，严禁用火烤或用沸水加温。

3.液化石油气瓶在运输、存储时必须直立放置并加以固定，搬运时不得碰撞。

4.液化石油气瓶不得倒置，严禁倒出残液。

5.瓶阀管子不得漏气，丝堵、角阀丝扣不得锈蚀。

6.液化石油气瓶不得充满液体，应留出 10%～15% 的汽化空间。

7.胶管和衬垫材料应采用耐油性材料。

8.使用时应先点火、后开气，使用后关闭全部阀门。

（十二）使用减压器应遵守下列规定：

1.不同气体的减压器严禁混用。

2.减压器出口接头与胶管应扎紧。

3.减压器冻结时应采用热水或蒸汽加热解冻，严禁用火烤。

4.安装减压器前，应略开氧气阀门，吹除污物。

5.安装减压器前应进行检查，减压器不得沾有油脂。

6.打开氧气阀门时，必须慢慢开启，不得用力过猛。

7.减压器发生自流现象或漏气时，必须迅速关闭氧气瓶阀门，卸下减压器进行修理。

（十三）使用焊炬和割炬应遵守下列规定：

1.使用焊炬和割炬前必须检查射吸情况，射吸不正常时，必须修理，正常后方可使用。

2.焊炬和割炬点火前，应检查连接处和各气阀的严密性，连接处和气阀不得漏气；焊嘴、割嘴不得漏气、堵塞。使用过程中，如发现焊炬、割炬气体通路和气阀有漏气现象，应立即停止作业，修好后再使用。

3.严禁在氧气阀门和乙炔阀门同时开启时用手或其他物体堵住焊嘴或割嘴。

4.焊嘴或割嘴不得过分受热，温度过高时，应放入水中冷却。

5.焊炬、割炬的气体通路均不得沾有油脂。

（十四）使用橡胶软管应遵守下列规定：

1.橡胶软管必须能承受气体压力；各种气体的软管不得混用。

2.胶管的长度不得小于 5 m，以 10～15 m 为宜，氧气软管接头必须扎紧。

3.使用中，氧气软管和乙炔软管不得沾有油脂，不得触及灼热金属或尖锐物体。

6.10 设备安装工安全生产操作规程

（一）较大机器包装开箱时要预防碰伤、砸伤，要正确使用开箱工具，多人开箱时不要挤在一起，操作者要保持一定的距离。拆下的包装木板、木料要堆放有序。把朝天钉拔掉或打弯，防止扎脚。

（二）包装未完全拆除时，不准进箱内检查和进行设备拆卸工作。

（三）安装机器时，池型基础内禁止站人，防止发生脱钩、断绳或机器坠落事故。

（四）安装机器应用水平仪校正，加垫时，不准把手直接伸到机器或重物下面。

（五）用行车起重应检查绳索的可靠性，并先进行试吊，不准超负荷起吊。对于超重物体，应采取安全措施，可用重型吊车或其他方式起吊，重物的起吊高度不超过 0.5 m，以确保安全。

（六）用千斤顶顶重物时，检查千斤顶是否完好，要严格遵守千斤顶的安全技术操作规程。加垫木或落千斤顶时，要保持平衡，以防重物倾倒。

（七）树立拔杆或起重架，下部要加垫木和防滑装置。周围要用拉绳拉住，并能及时调整松紧度。拉绳要拴在紧固可靠的地方。检查钢丝绳的卡子是否卡牢，润滑部分应添加润滑剂。

（八）起重架和拔杆顶端的滑轮要拴牢。拔杆的顶端与建筑物、电线等工件物体之间应留有适当的距离，以防拔杆顶端晃动时撞击建筑物或发生其他事故。

（九）安装设备现场要指定专人维持现场秩序，禁止无关人员入内，保证安全施工。

6.11　除尘工安全生产操作规程

（一）上岗前穿戴好一切劳动保护用品。

（二）掌握一般电气知识，了解除尘设备各类仪表、开关、按钮、信号的功能和用途及操作方法。

（三）开机前应认真检查所有设备，各运转设备不能缺油，盘车应转动灵活，各紧固连接件不能松动，除尘器各室布袋不能脱落。

（四）工作时要集中注意力，注意观察各类仪表、指示装置是否正常，如发生故障应及时请示班长，特殊情况有权先停机、后汇报。

（五）检修除尘管道、布袋时，严禁一人单独进行，必须有一人监护；检修完毕，必须清点人数，不能缺员。

（六）在确保设备正常、人员不缺时，方可开车。

（七）开车时应严格按照除尘器启动操作程序进行。

（八）在除尘器启动、运行过程中，若发现异常情况立即停机检查，并及时向车间主任汇报；若停机时电源不能自动断开，要迅速通知变电站切断电源。

（九）按规定巡视除尘设备的运行情况，运行记录要准确、完整。登高打开或关闭烟道蝶阀应由一人监护，另一人操作，防止操作人员踩空、脱手、摔伤。

（十）严格遵守公司制定的《除尘工艺操作规程》，发现事故隐患及时报告。

6.12　中小型机械安全生产操作规程

6.12.1 电焊设备

（一）电焊机必须安放在通风良好、干燥、无腐蚀介质、远离高温、高湿和多粉尘的地方。露天使用的焊机应搭设防雨棚，焊机应用绝缘物垫起。垫起高度不得小于 20 cm，并按规定配备消防器材。

（二）电焊机使用前，必须检查绝缘及接线情况，接线部分必须使用绝缘胶布缠严，不得腐蚀、受潮及松动。

（三）电焊机必须设单独的电源开关及自动断电装置。电焊机一次线（搭铁线）长度应小于 5 m，二次线（焊把线）长度应小于 30 m。两侧接线应压接牢固，必须安装可靠的防护罩。

（四）电焊机的外壳必须设可靠的接零或接地保护装置。

（五）电焊机焊接电缆线必须使用多股细铜线电缆，其截面应根据电焊机使用规定选用。电缆外皮应完好、柔软，其绝缘电阻不小于 1 MΩ。

（六）电焊机内部应保持清洁，定期吹净尘土。清扫时必须切断电源。

（七）电焊机启动后，必须空载运行一段时间。调节焊接电流及极性开关应在空载运行状态下进行。直流焊机空载运行电压不得超过 90 V，交流焊机空载运行电压不得超过 80 V。

（八）使用交流电焊机作业应遵守下列规定：

1.多台焊机接线时三相负载应平衡，初级线上必须有开关及熔断保护器。

2.电焊机应绝缘良好。焊接变压器的一次线圈绕组与二次线圈绕组之间、绕组与外壳之间的绝缘电阻不得小于 1 MΩ。

3.电焊机的工作负荷应按照设计规定，不得超载运行。作业中应经常检查电焊机的温度，超过 60 ℃（高温预警 A 级）或 80 ℃（高温预警 B 级）时必须停止运转。

（九）使用硅整流电焊机作业应遵守下列规定：

1.使用硅整流电焊机时，必须开启风扇，运转中应无异响，电压表指示值应正常。

2.应经常清洁硅整流器及各部件，清洁工作必须在停机断电后进行。

（十）使用氩弧焊机作业应遵守下列规定：

1.工作前应检查管路，气管、水管不得受压、泄漏。

2.氩气减压阀、管接头不得沾有油脂。安装后应试验，管路应无障碍、不漏气。

3.水冷型焊机冷却水应保持清洁，焊接中水流量应正常，严禁断水施焊。

4.高频氩弧焊机，必须保证高频防护装置良好，不得发生短路现象。

5.更换钨极时，必须切断电源；磨削钨极必须戴手套和口罩，磨削下来的粉尘应及时清理；钍、铈、钨极必须放置在密闭的铅盒内保存，不得随身携带。

6.氩气瓶内氩气不得用完，应保留一部分，使氩气瓶压保持在 98～226 kPa；氩气瓶应直立、固定放置，不得倒放。

7.作业后切断电源，关闭水源和气源。焊接人员必须及时脱去工作服，清洗手、脸和外露的皮肤。

（十一）使用二氧化碳气体保护焊机作业应遵守下列规定：

1.作业前预热 15 min，开气时操作人员必须站在瓶嘴的侧面。

2.二氧化碳气体预热器端的电压不得高于 36 V。

3.二氧化碳气瓶应放在阴凉处，不得靠近热源；最高温度不得超过 30 ℃，并应放置牢靠。

4.作业前应进行检查，焊丝的进给机构、电源的连接部分、二氧化碳气体的供应系统以及冷却水循环系统均应符合要求。

（十二）使用埋弧自动、半自动焊机作业应遵守下列规定：

1.作业前应进行检查，送线滚轮的沟槽及齿纹应完好，滚轮、导电嘴（块）必须接触良好，减速箱油槽中的润滑油质量应合格。

2.软管式送丝机构的软管槽孔应保持清洁，定期吹洗。

（十三）焊钳和焊接电缆应符合下列规定：

1.焊钳应保证任何斜度都能夹紧焊条，且便于更换焊条。

2.焊钳必须有良好的绝缘、隔热能力；手柄绝热性能应良好。

3.焊钳与电缆的连接应简便可靠，导体不得外露。

4.焊钳弹簧失效，应立即更换，钳口处应经常保持清洁。

5.焊接电缆应具有良好的导电能力和绝缘外层。

6.焊接电缆的选择应根据焊接电流的大小和电缆长度，按规定选用截面面积较大的。

7.焊接电缆接头应采用铜导体，且接触良好，安装牢固、可靠。

（十四）使用直流焊机应遵守以下规定：

1.操作前应检查焊机外壳的接地保护装置，以及一次线电源线接线柱的绝缘性。防护罩、电压表、电流表的接线，焊机旋转方向与机身指示标志和接线螺栓等均合格，方可操作。

2.焊机应垫平、放稳。多台焊机在一起，各台之间应保持500 mm以上的间距，必须一机一闸，一次线电源线不得长于5 m。

3.旋转直流弧焊机应有补偿器和"启动""运转""停止"的标记。合闸前应确认手柄是否在"停止"位置上；启动时，辨别转子是否旋转，旋转正常再将手柄扳到"运转"位置；焊接时突然停电，必须立即将手柄扳到"停止"位置。

4.不锈钢焊接采用"反接极"的方法，即工件接负极。如焊机正负标记不清或转换钮与标记不符，必须用万能表测量出正负极，确认后方可操作。

5.不锈钢焊条药皮易脱落，停机前必须将焊条头取下或将焊机把挂好，严禁乱放。

6.12.2 钳工常用机械及工具

（一）使用咬口机应遵守下列规定：

1.操作时手不得放在咬口机轨道上，送料时要将板材摆直、放正、扶稳，手指距滚轮不得小于5 cm。

2.操作人员应与出料铁板保持安全距离，防止被铁板边蹭伤。

（二）使用扳边机应遵守下列规定：

1.上下模间的间隙必须调整均匀，下模和工作台上不准放置任何工具和杂物，工件表面不得有焊疤等缺陷。

2.操作时不得将手靠近上下模。操作人员应相互配合，翻板及折方时，前面不得站人。

（三）使用液压铆钉钳应遵守下列规定：

1.接通电源后，应运转 2～3 min，无异常声音时再按动钳头按钮。操作时，必须将铆钉头与钳头活塞杆中心对准，按动电钮完成板材冲孔，然后偏移铆钉中心，再按动电钮完成铆接作业。

2.操作时严禁将手置于活塞杆与铆钉之间；应注意手同开关的距离，严禁在做准备工作时触动开关。

3.严禁随意拧动系统上的压力调整螺钉与流量调整螺钉。

（四）使用电动剪应遵守以下规定：

1.根据被剪材料的厚度选用相应规格的剪刀，预防因超负荷工作而崩刃。

2.使用电动剪刀时，手要扶稳电动剪，用力适当，严禁用手摸刀片或用手触摸刚刚剪过的工件边缘。

（五）使用卷圆机应遵守下列规定：

1.操作时应把工件放平、放稳再开机。不得用手直接推送板料，防止被卷入。

2.卷板时，机器未停止转动不准进行检测，卷板卷到末端时必须留一定余量，以防伤人或损坏机械设备。

（六）使用剪板机应遵守下列规定：

1.操作前应认真检查润滑、限位等部位是否正常，开机后必须先运转几分钟，确认正常后再进行剪板操作。

2.操作剪板机剪切钢板时，应放置平稳。应与机器操作人员配合一致，严禁将手伸入下方，待送料人员离开危险部位后方可进行剪切。严禁剪切超过规定厚度和压不住的窄钢板。上刀架不得放置工具等物品。调整铁板时，手不得触动开关，脚不得放在踏板上。

3.机器运转时严禁在剪床上捡、拾边角废料；工作完毕应拉闸断电，锁好闸箱，并及时清理下脚料，做到活完场净。

（七）使用撬棍应遵守下列规定：

1.撬棍的支点应靠近重物，支点下应利用坚硬石块或铁块垫实，并应有一定的底面积，防止支点滑脱。

2.操作时先将一端撬起，垫上枕木，再撬起另一端，如此反复进行，依次逐渐把重物抬高。放下重物也是用上述方法。两边高差不得太大，防止设备倾倒。

6.12.3 水泵

（一）作业前应进行检查，泵座应稳固。水泵应按规定装设漏电保护装置。

（二）运转中出现故障时应立即切断电源，排除故障后方可再次合闸开机。检修必须由专职电工进行。

（三）夜间作业时，工作区照明应充足。

（四）水泵运转中严禁从泵上跨越。升降吸水管时，操作人员必须站在有护栏的平台上。

（五）提升或下降潜水泵时必须切断电源，使用绝缘材料，严禁提拉电缆。

（六）潜水泵必须做好保护接零工作并装设漏电保护装置，潜水泵工作水域 30 m 内不得有人畜进入。

（七）作业后，应将电源关闭，将水泵安放妥当。

6.12.4 倒链

（一）使用前应检查吊架、吊钩、链条、轮轴、链盘等部件，如发现有锈蚀、裂纹、损伤、变形、扭曲、传动部分不灵活等，严禁使用。

（二）使用的链葫芦，严禁超载，外壳上应有额定吨位标记。气温在 - 10 ℃ 以下，不得超过其额定起重量的一半。

（三）使用时，先倒松链条，挂好起吊物体，慢慢拉动牵引链条，待起重链条受力后，再检查齿轮啮合及自锁装置的工作状况，确认无误后方可继续起重作业。

（四）拉动链条时，应均匀缓进，并与链轮盘方向一致，不得斜向拽动，拉动链条只许一人操作，严禁两人及以上猛拉。操作时严禁站在倒链的正下方。

（五）齿轮应经常加油润滑，应经常检查棘爪、棘爪弹簧和齿轮的技术状况，防止制动失灵。

（六）重物需在空间停留较长时间时，要将小链拴在大链上。

（七）起重时如需在建筑物构件上拴挂倒链葫芦，必须经技术负责人计算负荷量，确认安全后方可进行作业。

（八）倒链使用完毕，应拆卸清洗干净，重新上好润滑油，并安装好送仓库妥善保管，以防止链条锈蚀。

7 职业危害防治措施

7.1 防苯中毒

在建筑施工中，在喷漆、涂刷冷沥青等作业过程中会用到苯及其化合物作为有机溶剂、稀释剂和清洗剂。苯侵入人体后，会给人的中枢神经系统带来损害，严重时会导致人呼吸系统衰竭而死亡。防苯中毒的措施如下。

7.1.1 作业场所防护措施

（一）喷漆可采用密闭喷漆间，工人在喷漆间外操纵微机，用机械手自动作业，质量好、效率高，对人无害。

（二）在通风不良的车间、地下室、防水池内涂刷各种防腐涂料或进行环氧玻璃钢防腐作业，必须根据场地大小，用多台抽风机把苯等有害气体抽出室外，以防止急性苯中毒。

（三）施工现场的油漆配料房，应改善自然通风条件，减少连续配料时间，防止发生苯中毒和铅中毒事件。

（四）在较小的喷漆室内进行小件喷漆，可以采取水幕隔离的防护措施，即工人在水幕外面操纵喷枪，喷嘴在水幕内喷漆，这样，既能看清喷漆情况，又可防止苯蒸气外溢的风险。

（五）凡在通风不良的场所或容器内涂刷冷沥青时，必须采取机械通风、送氧及抽风措施，不断稀释空气中毒物的浓度；如果只送风不抽风，就会导致毒气"满溢"而无法排出，工人仍易中毒。

7.1.2 个人防护措施

（一）从事粉尘作业人员必须戴纱布口罩，如达不到防护目的，必须戴供氧式或送风式防毒面具。

（二）从事有机溶剂、腐蚀性和其他对皮肤有害的作业，应使用橡胶或塑料专用手套，不能用粉尘过滤器代替防毒过滤器，因为有机溶剂等的蒸气可以直接通过粉尘过滤器，从而对人体产生危害。

（三）工人下班沐浴后，换上自己的服装，以防止工人头发和衣服上的粉尘、毒物、辐射物带回家中，危害家人健康。有条件的单位，还应将从事危害作业人员的防护服，每天集中洗涤干净，使工人每次从事有害作业前均穿上干净的防护用品。

（四）工人不得在有害作业场所内吸烟、进食，饭前、班后必须先洗手、漱口，严防有害物质随着食物进入体内。

7.1.3 安全检查措施

（一）检查用人单位是否为从事危害作业人员配发符合要求的劳动保护用品，并有劳动保护用品发放记录。

（二）检查作业场所是否有沐浴设施。

（三）检查作业单位是否配备机械通风、送氧及抽风设备。

7.2　防止振动危害的技术措施

建筑行业产生振动危害的作业主要有：风钻、风铲、铆枪、混凝土振动器、锻锤、打桩机、汽车、推土机、铲运机、挖掘机、打夯机、拖拉机、小翻斗车、离心制管机等。振动危害表现为局部症状和全身症状，局部症状主要包括手指麻木、胀痛、无力，双手震颤，手腕关节变形，指端坏死等；全身症状主要包括肌肉触痛、平衡感失调及内分泌障碍等。

7.2.1 作业场所防护措施

（一）隔振，就是在振源与需要防振的设备之间安装具有弹性性能的隔振装置，使振源产生的大部分振动被隔振装置吸收。隔振装置主要包括金属弹簧、隔振器、隔振垫等，如用橡胶垫、软木垫、树脂玻璃纤维板、毛毡等制成的隔振垫，隔振效果均较好。

（二）改革生产工艺是防止振动危害的根本措施。例如，将钢窗样平钢板作业台改为铸铁作业台，振动和噪声可基本达到国家要求；手工校平钢模改用机械校平，也可以基本消除钢模校平的噪声和振动；水泥离心制管，如将工人手持"打水杆"进行管内铲平作业，改为"悬棍式"自动翻开，即可消除振手的危害。

（三）有些手持振动工具的手柄，包扎泡沫塑料等隔振垫，工人操作时戴好专用的防振手套，也可以减少振动的危害。

7.2.2 个人防护措施

（一）工人操作时戴好专用的防振动手套，减少振动的危害。

（二）对手持振动工具的手柄，包扎泡沫塑料等作为隔振垫。

（三）改革生产工艺，提高劳动保护用品的性能。

7.2.3 安全检查措施

检查发放的劳动保护用品是否具备隔振功能，现场有无劳动保护用品发放记录。

7.3 粉尘危害防治措施

一个成年人每天约需 19 m³的空气，以便从中获得所需的氧气，如果工人在含尘浓度高的场所作业，吸入肺部的粉尘就多，当尘粒达到一定数量时，就会引起肺组织病变，使肺组织逐渐硬化，失去正常的呼吸功能。粉尘危害防治措施如下。

7.3.1 施工现场防尘措施

（一）搅拌机除尘。建筑施工现场的搅拌机作业时粉尘浓度较大，有一定的临时性，因此搅拌机司机及其他施工人员受到的粉尘危害较大。除尘设备必须充分考虑搅拌机作业的特点，既要达到除尘目的，又要装、拆方便。

搅拌机上有两个尘源点：一是向料斗加料时飞起的粉尘；二是由料斗向拌料口中倒料时，从进料口、出料口飞起的粉尘。

采用通风除尘系统，即在拌筒出料口安装活动胶皮、胶罩，以防粉尘外扬；在拌筒上方安装吸尘罩，将拌筒进料口飞起的粉尘吸走；在地面料斗侧向安装吸尘罩，将加料时扬起的粉尘吸走，通过风机将空气粉尘送入旋风滤尘器，再以器内水溶的方式，用水将粉尘冲入蓄积池。为了防止所排气体中仍有粉尘，在旋风滤尘器出气口设置"二道防线"，即采取水幕隔尘措施，既能达到除尘目的，又可将蓄积的水、泥再次回收使用。

（二）木屑除尘措施。可在每台加工机械尘源上方或侧方安装吸尘罩，通过风机的作用，将粉尘吸入输送管道，再送到蓄料仓中，可使各作业点的粉尘浓度降到 2 mg/m³ 以下。

（三）金属除尘措施。钢、铝门窗的抛光（砂轮打磨）作业中，一般采用局部通风除尘系统，或在打磨台的侧方安装吸尘罩，通过支道管和主道管，将含金属粉尘的空气输送到室外，进行净化后排放。

7.3.2 个人防护措施

（一）从事粉尘作业的人员必须戴纱布口罩，如达不到防护目的，必须戴供氧式或送风式防毒面具。

（二）从事有机溶剂、腐蚀性和其他对皮肤有害的作业，应使用橡胶或塑料专用手套，不能用粉尘过滤器代替防毒过滤器，因为有机溶剂等的蒸气可以直接通过粉尘过滤器，从而对人体产生危害。

（三）工人下班沐浴后，换上自己的服装，以防止工人头发和衣服上的粉尘、毒物、辐射物带回家中，危害家人健康。有条件的单位，还应将从事危害作业人员的防护服，每天集中洗涤干净，使工人每次从事有害作业前均穿上干净的防护用品。

（四）工人不得在有害作业场所内吸烟、进食，饭前、班后必须先洗手、漱口，严防有害物质随着食物进入体内。

7.3.3 安全检查措施

（一）检查用人单位是否为从事危害作业人员配发符合要求的劳动保护用品，并有劳动保护用品发放记录。

（二）检查作业场所是否有沐浴设施。

（三）检查作业单位是否配备机械通风、送氧及抽风设备。

7.4 噪声危害的防治措施

根据《工业企业厂界环境噪声排放标准》（GB 12348—2008），凡新建、扩建、改建企业允许噪声为 85 dB；原有企业暂时达不到标准者，可放宽至 90 dB。

7.4.1 作业场所防护措施

（一）消声。消声是防止动力噪声的主要措施，可在各种通风机、压缩机、鼓风机等进排气口处安装消声器。消声器是一种允许气流通过而阻止声音通过的装置，常用的有阻性消声器、抗性消声器、阻抗复合消声器、微穿孔板消声器等。

（二）吸声。吸声是通过吸声材料和吸声结构，吸收通过的声音，达到降低噪声的目的。例如，室内施工时，在墙壁或棚顶的表面安装多孔材料；把多孔性（纤维性）材料制成锥形或尖劈状吸声体，悬挂于棚顶或装设在墙上；利用共振原理采用多孔板作为吸收噪声的墙壁。

1.多孔性吸声材料，如超细玻璃棉、矿渣棉、细孔泡沫塑料、多孔吸声砖、工业毛毯，以及甘蔗板、木丝板等。吸声材料的吸声系数与材料厚度有一定的关系，增加材料的厚度可以提高对低频噪声的吸收效果，但对高频噪声的吸收效果影响不大。

2.穿孔共振吸声结构：用金属、木板、塑料板或其他板材，穿以一定比例的孔或缝，安装在离壁面一定距离的地方，即可构成穿孔共振吸声结构。这种结构能在一定的频率上产生共振，可获得较高的吸声系数。共振频率与板的厚度、穿孔百分率、穿孔板与壁面距离等有关。低频噪声或中频噪声需要较高的吸声系数，可应用这种吸声结构。

板共振吸声结构：由薄板（如胶合板等）和其后面的空气层组成，可以从多方面吸收噪声，吸声效率较高。

（三）隔声。将发声的物体、场所封闭起来与周围隔绝的方法称为隔声。常用的隔声结构有隔声室、隔声罩、隔声屏等。

1.单层隔声结构：采用最简单的隔声构件——单层均匀物质制成的墙板，如钢板、木板或混凝土墙等。当声波入射到隔声结构上，其中一部分噪声会被反射，一部分会被吸收，只有一小部分能透过隔声结构向外射去。由于大部分声波被隔绝，所以能达到降低噪声的效果。

2.双层隔声结构：就是在双层墙或板中间夹上有一定厚度的空气层。它比没有空气层的墙或板的隔声效率高很多，这是由于声波依次在不同的介质中传播时，多次反射，最终逐渐衰减，从而达到隔绝噪声的目的。

（四）阻尼。就是将一些内损耗、内摩擦大的材料涂在金属薄板上，如沥青、软橡胶、高分子涂料等。当金属板弯曲振动时，其振动能量会迅速传给薄板上的阻尼材料，引起阻尼材料的摩擦和互相错动，从而降低了金属板辐射噪声的能力，最终达到减弱噪声的目的。

7.4.2 个人防护措施

从事噪声作业人员必须戴防护耳塞。

7.4.3 安全检查措施

检查用人单位是否为从事危害作业人员配发符合要求的劳动保护用品，并有劳动保护用品发放记录。

7.5 弧光辐射危害防治措施

手工电弧焊、氩弧焊、二氧化碳气体保护焊和等离子弧焊等作业，都会产生紫外线辐射。其中，二氧化碳气体保护焊弧光强度是手工电弧焊的 2～3 倍。

紫外线对人体的伤害主要是光化作用造成的，主要表现为对皮肤和眼睛的伤害。不同波长的紫外线，会对人的皮肤造成伤害。

皮肤受到强烈紫外线的照射后，会引起皮炎、弥漫性斑块等，有时会出现小水泡、渗出液和浮肿，以及有烧灼感、发痒、头痛、头晕、易疲劳、神经兴奋、发烧和失眠等症状。

焊工及其辅助人员是容易遭受辐射危害的主要人员。紫外线过度照射后，会引发急性角膜炎，称为电光性眼炎（雪盲）。初学焊接的焊工和配合焊工的其他人员，极易患这种疾病。

7.5.1 场所防护措施

（一）焊接设备上的电机、空压机等应按有关规定安装，并有完整的防护外壳，一次接线柱、二次接线柱外应有保护罩。

（二）现场使用的电焊机应设有可防雨、防潮、防晒的机棚，并备有消防用品。

（三）焊接铜、铝、锌等有色金属时，必须在通风良好的地方进行，焊接人员应戴防毒面具或呼吸滤清器。

（四）在容器内施焊时，必须采取以下措施：容器上必须有进、出风口并设置通风设备，容器内的照明电压不得超过 12 V；焊接时必须有人在场监护，严禁在已喷涂过油漆或塑料容器内进行焊接作业。

（五）焊钳应与手把线连接牢固，不得用胳膊夹持焊钳。清除焊渣时，面部应避开被清的焊缝。

（六）作业后，清理场地，关闭电源，锁好电闸箱，消除焊料余热后，方可离开。

7.5.2 个人防护措施

（一）应正确使用防护面罩，佩戴专用护目镜，预防电光性眼炎。

（二）操作时必须戴专用焊工手套，防止弧光击伤手部皮肤。

（三）必须穿帆布工作服，戴防烧帽子，扣子全部扣严，防止弧光击伤身体，防止金属飞溅物烧伤头部。

（四）必须穿电工绝缘鞋，防止漏电及弧光、金属飞溅物烧伤脚部。

7.5.3 安全检查措施

（一）检查用人单位是否为从事危害作业人员配发符合要求的劳动保护用品，并有劳动保护用品发放记录。

（二）检查作业单位是否配备机械通风、送氧及抽风设备。

7.6 有毒气体等职业危害综合防治措施

7.6.1 加强职业卫生管理工作

见公司相关文件。

7.6.2 个人卫生和个人防护

（一）根据危害种类、性质、条件等，有针对性地发给作业人员有效的防护用品、用具，也是防止或减少职业危害的必要措施。例如，配合电焊作业的辅助人员，必须佩戴有色护目镜，防止电光性眼炎；在噪声环境下作业的人员必须佩戴护耳塞（器）；从事有粉尘作业的人员必须佩戴纱布口罩，如达不到滤尘目的，必须佩戴过滤式防尘口罩；从事防水作业、地下管道作业的人员，必须佩戴供氧式或送风式防毒面具；从事接触有机溶剂、腐蚀剂和其他对皮肤有害的作业，应使用橡胶或塑料专用手套，不能用粉尘过滤器代替防毒过滤器，因为有机溶剂蒸气可以直接通过粉尘过滤器，从而对人体产生危害；等等。

（二）对于从事粉尘、有毒作业的人员，应在工地（车间）设置淋浴设施，工人下班必须沐浴，换上自己的服装，以防止工人将头发和衣服上的粉尘、毒物、辐射物带回家中，危害家人健康。有条件的单位，还应将从事有害作业人员的防护服集中洗涤干净，使工人每次从事有害作业前均穿上干净的防护用品。

（三）教育工人不得在有害作业场所内吸烟、进食，饭前、班后必须先洗手、漱口，严防有害物质随着食物进入体内；要加强卫生宣传教育工作，到有害作业场所，每天要做好场内清洁工作。

（四）定期对有害作业职工进行体检，凡发现有不适宜某种有害作业的疾病患者，应及时调换工作岗位。

（五）患有继发性贫血（血红蛋白在60%以下）、肝脏病、胃病及十二指肠溃疡、心血管疾病、活动性肺结核、神经精神系统疾病的职工，不宜从事接触铅、四乙铅的作业。

（六）患有各种神经精神病、肝胆病、肾脏病、呼吸系统疾病、自主神经功能明显紊乱的职工，不宜从事接触锰的作业。

（七）患有各种血液病、严重神经官能症、肝脾脏疾病的职工，不宜从事接触苯的作业。孕妇和哺乳期妇女，应暂时调离相关作业岗位。

（八）患有各种活动性肺结核，慢性上呼吸道或支气管疾病，严重心血管疾病，影响肺功能的胸膜、胸廓疾病的职工，不宜从事有粉尘的作业。

（九）患有各种心血管疾病的职工，不宜从事高温作业。

（十）患有各种与听觉系统有关疾病的职工，不宜从事有噪声的作业。

8 危险性较大分部分项工程预案

8.1 危险性较大分部分项工程应急预案

为贯彻落实国家关于安全生产的法律法规及《中华人民共和国建筑法》第四十四条和五十一条关于安全生产的有关规定，促进公司依法加强对建筑安全生产的管理，执行安全生产责任制度，采取有效措施，防止伤亡和其他安全生产事故的发生，以及当施工中发生事故时，公司能采取紧急措施，减少人员伤亡和事故损失，根据公司的特点，特制定本公司危险性较大分部分项工程应急预案。

8.1.1 高处作业

在建筑施工中发生的伤亡事故，多数是操作者从高处坠落或物体下落伤人，此类事故多发、易发，主要发生在临边作业、洞口作业中，以及攀登、悬空交叉作业中。

（一）临边作业：是指在工作场所的边沿无围护设施，使人与物有各种坠落可能的高处作业。临边作业的安全防护，主要是设置防护栏杆，防护栏杆的构造应牢固，能够承受可能的突然冲击，能阻挡施工人员在可能状态下的下跌，能防止物料坠落，还要有一定的耐久性，能满足施工防护要求。

1.防护栏杆应设 2 根，距地或楼层洞口 0.6～1.2 m，立柱间距不能大于 2 m，并加挂密目网防护，以防止坠落事故的发生。

2.基坑边，可将钢管打入地下 500～700 mm 处，保证其稳定性。

3.遇有临街或人流场所可设置硬防护或斜支撑或支立杆，但必须按照脚手架搭设规范进行，上面满铺木架板，临边有护身栏杆，木架板上铺密目网。

（二）洞口作业：建筑物或构筑物在施工过程中常会出现各种预留洞口、通道口、上料口、楼梯口、电梯井口或在其附近工作，按照相关标准，凡各种洞口均应进行防护。洞口无安全防护，或防护有缺陷，极易造成物或人从孔、洞坠落的安全事故。因此，洞口作业必须加以防护。根据不同类型，洞口作业的安全防护可以从以下方面进行。

1.各种板与墙的孔、洞口必须视具体情况分别设置牢固的盖板、防护栏杆、安全网或其他防坠落的防护设施。

2.各种预留洞口、桩孔上口，杯形、条形基础上口，未回填的坑槽，以及入孔、天窗等处，均应设置稳固的盖板，防止人、物坠落的孔眼用钢丝网等覆盖。

3.电梯井口必须设置防护栏杆或固定栅门，电梯井内应每隔两层或最多 10 m，设一道安全平网。

4.没有安装踏步的楼梯口应像预留洞口一样覆盖，安装踏步后，楼梯边应设防护栏杆，或用正式的楼梯扶手代替。

5.各类通道口、上料口的上方，必须设置防护棚，其尺寸、大小、强度可视具体情况而定。木架板设一层，竹架板须设两层顶板进行防护。

6.施工现场大的坑、槽、陡坡等处，除须设置防护设施与安全标志外，夜间还应设置红灯示警。

（三）悬空作业：在周边临空的状态下或在高处作业时，需要建立牢固的立足点，如设置防护网、栏杆或其他安全设施。悬空作业在建筑施工中较为常见，主要有构件吊装、钢筋绑扎、混凝土浇筑及门窗安装、油漆涂抹等。

1.吊装工程。吊装钢结构构件时，应尽可能在地面组装，当构件起吊、安装就位后，其临时固定、电焊、高强度螺栓连接等工序，仍然要在高处作业，因此需要搭设相应的安全设施及操作平台，张挂安全网，配备安全带；高空吊装砼构件、屋架、大型矩形梁也按此要求进行。

2.钢筋绑扎时的安全防护。进行钢筋绑扎和安装钢筋骨架的高处作业，都要搭设操作平台、挂安全网；绑扎悬空大梁的钢筋，施工作业人员要站在操作平台上进行操作；绑扎柱和剪力墙的钢筋，不能在钢筋骨架上站立或攀登；绑扎 2 m 以上的砼柱钢筋，必须在柱的周围搭设作业平台，加设防护栏杆。

3.混凝土浇筑时的安全防护。浇筑距地面 2 m 以上的框架、过梁、雨篷和平台时，需搭设操作平台，严禁站在模板或支撑拉杆上操作；浇筑筒仓下口应先进行封闭，并搭设脚手架以防人员坠落；特殊情况下进行浇筑，如无安全设施，必须挂好安全带，并且挂牢。

4.安装和拆除模板时的安全防护：

（1）安装和拆卸模板，应按规定的作业程序进行，前一道工序所支的模板未固定前，不得进行下一道工序；严禁在连接件和支撑杆上攀登，并严禁在上下同一垂直面上安装、拆除模板；结构复杂的模板，其安装和拆卸应严格按照施工组织制定的规定执行；支大空间模板的立柱，竖、横向拉杆必须牢固稳定，防止立柱移动发生坍塌事故。

（2）支设高度在 2 m 以上的柱模板，四周应设斜撑，并设有操作平台，低于 2 m 的柱模板可使用马凳操作。

（3）应有稳固的立足点，支搭凌空构筑物模板时，应搭设支架或悬挑式脚手架，模板上有预留洞口的，必须加以防护。

（4）在高处进行拆除模板作业，应配置登高用具或设施，不得冒险作业。

（四）交叉作业。在不同层次中，处于空间贯通状态下，同时进行交叉作业时易发生事故，所以一定要慎之又慎，予以控制。

1.支模砌墙、粉刷各工种，在交叉作业中，不得在同一垂直方向上下同时操作，下层作业的位置，必须处于根据上层高度确定的可能坠落范围半径之外，不符合此条件的，中间应设置安全防护层。

2.拆除脚手架与模板时，下方不得有其他操作人员。

3.拆下的模板、脚手架等部件，应远离楼层边沿等处，严禁堆放拆下的物件。

4.结构施工自二层起，凡人员进出通道口（包括龙门架，施工用电梯的进出通道口）均应搭设安全防护棚；高层建筑高度超过 24 m 时，层次上的交叉作业，应搭建双层防护设施。

5.在上方可能有物体坠落的范围内（或上方同时施工），以及处于塔吊起重回转范围之内的通道，必须搭设顶部能防止穿透的双层防护廊或防护棚。

8.1.2 模板工程及支撑体系

为了保证模板工程设计与施工的安全，应加强安全生产的检查与监督。在安装和拆除过程中，严格按照作业指导书及安全操作规程实施操作。

（一）模板工程作业高度在 2 m 及 2 m 以上时，依据《建筑施工高处作业安全技术规范》（JGJ 80—2016）中有关安全防护设施的规定执行。在临街及交通要道地区施工应设警示牌，并派专人进行监护，操作人员上下必须走爬梯或通道，不得攀登模板或脚手架、井字架、龙门架等。不许在墙顶独立梁及其他狭窄无防护栏杆的模板上面行走。高处作业人员所用工具应放在工具袋内，不得将工具、模板零件随意放在脚手架或操作平台上，以免坠落伤人。

（二）安装和拆卸模板时的安全防护。安装和拆卸模板时，应按规定的作业程序进行，前一道工序所支的模板未固定前，不得进行下一道工序，严禁在连接件和支撑杆上攀登；严禁在上下同一垂直面上安装、拆卸模板；结构复杂的模板，其装拆应严格按照施工组织制定的规定执行；支大空间模板的立柱，竖、横向拉杆必须牢固、稳定，防止立柱移动发生坍塌事故。

（三）支撑高度在 2 m 以上的柱模板，四周应设斜撑，并设有操作平台，低于 2 m 的柱模板可使用马凳操作。

（四）应有稳固的立足点，支搭凌空构筑物模板时，应搭设支架或悬挑式脚手架，模板上有预留洞口，必须加以防护。

（五）在高处进行拆除模板作业，应配置登高用具或设施，不得冒险作业。

（六）冬季施工时，施工作业前应将操作地点和人行通道的冰霜、雪等清扫干净，防止施工人员滑倒摔伤；遇到五级以上大风天气，严禁进行模板吊装作业。

（七）木料及易燃保温材料应远离火源码放，采用电热养护的模板要有可靠的绝缘措施。

（八）夜间施工时，必须有足够的照明灯具，距作业面高度不低于 3 m，电源线应有良好的绝缘性，不得直接固定在钢模上。

（九）安装基础及地下工程模板时，应先检查基坑上壁边坡的稳定情况，发现有塌方的危险时，必须采取加固措施，确保安全后，方可进行模板作业。操作人员上下深度 2 m 以上的坑、槽时，应设置坡道及爬梯。

（十）支撑砼柱模板时，四周必须设牢固支撑或用钢筋、钢丝绳拉接牢固，避免砼柱模板整体歪斜、位移，甚至倾倒。

（十一）梁与楼板整体混凝土层面支模时，应搭设牢固的操作平台，严禁站在墙上操作；阳台是现挑结构，阳台支模立柱应顶在同一垂直线上。

（十二）模板工程及支撑体系应急预案：

1.工地的模板工程是一种极易发生工伤事故的工程，在支、拆模板时，未按方案、计算荷载进行支模，支模时由于立杆间距太小，拉结点未按方案设置，又不设平行、立体剪刀撑，立杆下未垫板等，极易导致模板坍塌事故。

2.在模板工程中立杆一定要垂直，拉力不能小于支撑力的 1.3 倍；支柱模板时一定要用短管锁好，立杆下要基础坚实，才能保证支模的稳定性。

3.在浇筑混凝土时尤其是规格大的矩形梁、悬挑阳台，雨篷、悬臂部位更要拉结好，并配备有责任心的人员坚守岗位，负责看模，检查模板支撑系统的稳定性。

4.万一模板有坍塌迹象或发生模板坍塌事故，第一发现者要高声呼叫，迅速通知工地负责人及工地抢救小组，包括组长及其他应急小组成员。

5.工地应急抢救小组负责人任总指挥，组织工地义务应急小组，负责抢救工作，工地应急抢救小组成员要迅速抢救伤者，并保护好现场。

6.施工现场应急小组负责人和工地工种负责人，指挥疏散人员，以免造成新的伤害。

7.应急小组成员将伤员迅速抬出，发生骨折时用硬板抬出；如出血立即进行包扎止血，用带子扎紧受伤部位；如窒息、休克采用人工呼吸的方法进行抢救。

8.由工地应急小组成员按照分工迅速拨打 120 并派专人到路口引车，疏散交通，或同现场机动车辆将伤员送往就近医院进行抢救。

9.工地召集紧急会议，采取相应措施，以免发生新的危险，并及时向公司应急指挥部报告。

8.1.3 脚手架工程

脚手架是为高空作业创造施工操作条件而搭设的，脚手架搭设得不牢固、不稳定，就会造成施工中的高处坠落及其他伤亡事故，因此脚手架搭设应满足以下要求：

（一）要有足够的牢固性和稳定性，保证在施工期间满足所规定的荷载或在气候条件影响下不变形、不摇晃、不倾斜，能够保证作业人员的人身安全。

（二）要有足够的面积，能满足堆料、运输、操作和行走的要求。

（三）构造要简单，搭设、拆除和搬运要方便，使用要安全，并能多次周转使用。

（四）要因地制宜，就地取材，尽量节约用料。

（五）在搭设不论双排和单排各件式钢管脚手架时，地基要夯实，操平、垫 2 跨以上的长木架板，按照方案设计要求设置距离垫板高 200 mm 的扫地杆。

（六）立杆要垂直，大横杆要顺直，按照方案要求认真掌握好跨距与步距，满足使用要求。

（七）架体要按照三步三跨或二步三跨设置连墙件拉结点，距立杆不能大于 300 mm，并使用双扣件，短管与建筑物形成可靠的拉结点，以防止架体的坍塌。

（八）剪刀撑是防止架体倾斜及增加架体刚度的主要环节。剪刀撑必须按照相关规范搭设，底杆下垫架板呈 45°～60° 倾角，每组不能大于 6 m。按照角度设置，与水平面夹角呈 45° 的立杆不能多于 7 根，与水平面夹角呈 50° 的立杆不能多于 6 根，与水平面夹角呈 60° 的立杆不能多于 5 根，并且每个节点都要用转件固定。剪刀撑搭接用 3 个扣件紧扣，搭接长度不能少于 1 m，剪刀撑必须到顶。

（九）每个主节点必须设置小横杆，严禁少设小横杆，防止发生事故，小横杆伸入墙内的部分不能小于 240 mm，与立杆用扣件紧固。

（十）架板要满铺，严防有探头板，造成高处坠落。

（十一）架体要设随层网、兜网、层间网，架体外侧要用密目网防护，严禁绑扎不好随风飘或有空档；严禁用铁丝绑扎各种网片，必须用绳系。

（十二）架体材料使用 Φ48×3.5 mmA3 钢管，钢管严禁压扁、打孔或有焊缝，扣件使用合格扣件，每个接件不能少于 1.8 kg，每个转件十字件不能少于 1.35 kg。

（十三）架体搭好后，经验收合格才能使用。

（十四）架体拆除时应自上而下拆除，严禁由上向下抛掷物件，应设警戒线并由专人监护。

8.1.4 施工用电

建筑施工现场临时用电时易发生人身触电事故，发生人身触电事故时可能会直接造成人员伤亡，严重时还会引发火灾，给建筑施工现场带来不可估量的损失。因此，为确保建筑施工人员安全用电，必须建立安全用电规章制度——既要有安全用电技术措施，又要有相应的技术管理措施。有效的施工用电安全措施应包括：

（一）编制临时用电施工组织设计方案，制定、审批安全用电技术措施，并建立相应的技术档案。

（二）建立技术交底制度，向专业电工、各类用电人员介绍临时用电施工组织设计方案和安全用电技术措施的总体意图、技术内容和注意事项，并应在技术交底文字资料上履行交底人和被交底人的签字手续，注明交底日期。

（三）建立安全检测制度，从临时用电工程施工开始，定期对临时用电工程进行检测，主要内容包括接地电阻值、电气设备绝缘电阻值、漏电保护器动作参数等，以保证临时用电工程安全可靠，并做好检测记录。

（四）建立电气维修制度，加强日常和定期维修工作，及时发现和消除隐患，并建立维修工作记录，记载维修时间、地点、设备、内容，以及技术措施、处理措施、处理结果、维修人员、验收人员等。

（五）建立工程拆除制度，建筑工程竣工后，临时用电工程的拆除应有统一的组织和指挥，并须规定拆除时间、人员、程序、方法以及注意事项和防护措施等。

（六）建立安全检查和评价制度，施工管理部门和项目部要按照《建筑施工安全检查标准》（JGJ 59—2011）定期对现场用电情况进行检查。

（七）建立安全用电责任制，对临时用电工程各部位的操作、监护、维修，要分片、分块、分机，落实到人，并辅以必要的奖惩措施。

（八）建立安全教育和培训制度，定期对专业电工和各类用电人员进行用电安全教育和培训，凡上岗人员必须持有行业主管部门核发的上岗证书，严禁无证上岗。

（九）技术预防措施包括：编制施工组织设计方案时要根据电气设备的用电量正确选择导线截面，从理论上杜绝线路过负荷使用现象；要认真选择保护装置，当线路出现长期过负荷使用现象时，要在规定时间内解决。

（十）导线架空铺设时，其安全间距必须满足规范要求；当配电线路采用熔断器作为短路保护装置时，熔体额定电流一定要小于电缆或穿管绝缘导线；经常教育用电人员认真执行规范，正确连接导线，接线柱要压牢、压实，各种开关触头要压接牢固；铜、铝连接时要有过渡端子，多股导线要用端子或涮锡后再与设备相连，以防加大电阻引起火灾。

（十一）配电室的耐火等级应大于三级，室内配置砂箱和绝缘灭火器；严格执行变压器的运行检修制度，按季度每年进行四次停电清扫和检查活动。

（十二）施工现场严禁使用电炉子，使用碘钨灯时，灯与易燃物的间距要大于 30 cm，室内不准使用功率超过 100 W 的灯泡，严禁使用床头灯。

（十三）存放易燃气体和易燃物的仓库内，照明装置一定要采用防爆型设备，导线敷设、灯具安装、导线与设备连接均应满足有关规范的要求。

（十四）配电箱、开关箱内严禁存放杂物及易燃物体，要指派专人负责定期清扫。

（十五）设有消防设施的施工现场，消防泵的电源要由总箱中引出，用专用回路供电，而且此回路不得设置漏电保护器。当电源发生接地故障时，可以设单相接地报警装置，有条件的施工现场，此回路供电应由两个电源供电，供电线路应在末端可切换。

8.2 危险性较大分部分项工程及施工现场易发生重大事故的部位环节的预防监控措施和应急预案

8.2.1 危险性较大分部分项工程及施工现场易发生重大事故的部位

（一）坍塌事故（基坑作业、模板装拆作业）。

（二）倾覆事故（脚手架搭拆、塔吊装拆作业）。

（三）物体打击事故。

（四）机械伤害。

（五）触电事故。

（六）环境污染事件。

（七）高空坠落事故。

（八）火灾。

（九）施工中挖断水管、电线、通信光缆、煤气管道。

8.2.2 应急准备和响应组织准备

（一）目的

为了保护本企业从业人员在经营活动中的身体健康和生命安全，保证本企业在出现生产安全事故时，能及时进行应急救援，从而最大限度地降低生产安全事故给本企业及本企业员工造成的损失。

（二）适用范围

适用于所有公司内部参与生产经营活动的部门及个人。

（三）责任

本公司建立生产安全事故应急救援指挥机构，具体如表 8-1 所示。

表 8-1　生产安全事故应急救援指挥机构

负责人及部门	职务	工作职责	备注
	总经理	主持全面工作	
	安全生产管理机构负责人	应急救援协调指挥工作	
项目经理部	各项目部经理	应急救援实施工作	
设备部	设备部主管	参与应急救援实施工作	
财务部	财务部主管	安全生产及救援资金保障	

（四）施工现场生产安全应急救援小组

施工现场生产安全应急救援小组成员及工作职责，如表 8-2 所示。

表 8-2　施工现场生产安全应急救援小组成员及工作职责

负责人姓名	工作职责	备注
项目经理	主持施工现场全面工作	
生产负责人	负责组织应急救援协调指挥工作	
安全员	负责应急救援实施工作	

（五）生产安全事故应急救援组织成员必须经过培训，掌握现场救援、救护的基本技能；施工现场生产安全应急救援小组必须配备相应的急救器材和设备。小组每年进行一至两次应急救援演习，对急救器材、设备要进行日常维护、保养，从而保证应急救援时正常使用。

（六）生产安全事故应急救援程序

1.公司及工地建立安全值班制度，设值班电话并保证 24 小时有人轮流值班。

2.生产安全事故发生后，应急救援组织立即启动如下应急救援程序：

（1）现场发现人：向现场值班人员报告。

（2）现场值班人员：控制事态，保护现场，组织抢救，疏导人员。

（3）现场应急救援小组组长：组织组员进行现场急救，组织车辆，保证道路畅通，将伤者送往最近医院。

（4）公司值班人员：了解事故及伤亡人员情况。

（5）公司生产安全应急救援小组：简单了解事故及伤亡人员情况及采取的措施，成立生产安全事故临时指挥小组，进行善后处理及事故调查工作，监督事故补救措施的落实，并上报上级部门。

（七）应急救援小组职责

1.组织检查各施工现场及其他生产部门的安全隐患,落实各项安全生产责任制,贯彻执行各项安全防范措施及各种安全管理制度。

2.进行教育培训,使小组成员掌握应急救援的基本知识,同时具备安全生产管理的相应素质;小组成员定期对职工进行安全生产教育,提高职工安全生产技能和安全生产素质。

3.编制生产安全应急救援预案,制定安全技术措施并组织实施,确定企业和现场的安全防范重点和应急救援重点,有针对性地进行检查、验收,监控和预测危险。

8.2.3 施工现场的应急处理设备和设施管理

8.2.3.1 应急电话

1.应急电话的安装要求:

工地应安装电话,无条件安装电话的工地应配备移动电话。电话可安装于办公室、值班室、警卫室内。在室外附近张贴安全提示标志,以便现场人员都了解,在应急时能快捷地找到电话号码报警求救。电话应放在室内靠近现场通道的窗扇附近,电话机旁应张贴常用紧急查询电话,工地主要负责人和上级单位的联络电话,以便在节假日、夜间等情况下使用,房间无人上锁,有紧急情况无法开锁时,可击碎窗玻璃,向有关部门、单位、人员求救或拨打电话报警。

2.应急电话的正确使用：

为合理安排施工，事先拨打气象专用电话，了解气候情况。拨打电话 121，掌握近期和中长期天气情况，以便采取针对性措施组织施工，既有利于生产，又有利于保证工程的质量。工伤事故现场，重病人抢救，应拨打 120 救护电话，请医疗单位急救。火警、火灾事故应拨打 119 火警电话，请消防部门急救。发生抢劫、偷盗、斗殴等情况应拨打报警电话 110，向公安部门报警。煤气管道设备急修、自来水报修、供电设备报修，以及向上级单位汇报情况争取支持，都可以通过拨打应急电话进行，方便又快捷。在施工过程中保证通信畅通，以及利用好通信工具，可以更及时地处理现场事故。

3.电话求救须知：

拨打电话时要尽量说清楚下面几件事：

（1）说明伤情（病情、火情、案情）和已经采取的措施，以便让救护人员事先做好急救的准备工作。

（2）讲清楚事故发生在什么地方，哪条路几号、靠近哪个路口、附近有什么特征。

（3）说明报警者单位、姓名、手机号码，或事故地的电话，以便救护车（消防车、警车）找不到所报地方时，随时通过电话联系。最后，应询问对方还有什么问题不清楚，如无问题才能挂断电话。通完电话后，应派人在现场外接应救护车，同时及时清除救护车进入现场的障碍，便于医护人员到达后及时进行抢救。

8.2.3.2 急救箱

（一）急救箱的配备

急救箱的配备应以简单和实用为原则，要能保证现场急救的基本需要，并可根据不同情况予以增减；要定期检查、补充，确保随时可供急救使用。急救箱配备的物品如下。

1.器械敷料类：

血压计、体温计、止血带、（大、小）剪刀、无菌橡皮手套、无菌敷料、棉球、棉签、三角巾、绷带、胶布、夹板、别针、手电筒（电池）、绷带、镊子等。

2.药物：

维生素、止血敏（酚磺乙胺）、10%葡萄糖、25%葡萄糖、生理盐水、酒精、碘酒等。

（二）急救箱使用注意事项

1.由专人保管，但不要上锁。

2.定期更换超过使用期限的敷料和过期药品，每次急救后要及时补充。

3.放置在合适的位置，让现场人员都知道。

8.2.3.3 其他应急设备和设施

由于在现场经常会出现一些意外情况，甚至发生事故，或因采光和照明情况不好耽误救援，因此在施工现场要配备应急照明设备，如可充电工作灯、电筒、油灯等。

由于现场有危险情况，在应急处理时要有用于危险区域隔离的警戒带，以及各类警告、指令、提示标志牌。

有时为了安全救援，还必须配备安全带、安全绳、担架等专用应急设备和工具。

8.2.4 潜在危险源的应急准备和响应预案

8.2.4.1 倾覆事故应急准备与响应预案

（一）应急准备

1.组织机构及职责：

（1）项目部倾覆事故应急准备和响应领导小组：

组长：项目经理。

组员：生产负责人、安全员、技术员、后勤人员。

（2）倾覆事故应急处置领导小组负责对项目突发倾覆事故的应急处理。

2.培训和演练：

（1）项目部安全员负责组织全机关每年按倾覆事故应急响应要求进行一次模拟演练，各组员按其职责分工，配合完成演练。演练结束后由组长组织人员对应急响应要求的有效性进行评价，必要时对应急响应要求进行调整或更新。演练、评价和更新的记录应予以保存。

（2）施工管理部负责每年对相关人员进行一次培训。

3.应急物资的准备、维护、保养：

（1）应急物资的准备：简易担架，跌打损伤药品，包扎纱布。

（2）各种应急物资要配备齐全并加强日常管理。

4.预防措施：

（1）搭设脚手架时必须先编好搭设方案，经有关技术人员审批后遵照执行。

（2）所有架子工必须持证上岗，工作时佩戴好个人防护用品；搭设脚手架应严格按方案施工，做好脚手架拉接点的拉牢工作，防止架体倒塌。

（3）所有架体平台架设好后，必须由专业技术人员验收、签字，方能投入使用。

（二）应急响应

1.如有脚手架倾覆事故发生，按小组预先分工，各司其职，但是架子工长应组织所有架子工，立即拆除相关脚手架，外包队人员应协助清理有关材料，保证现场道路畅通，方便救护车辆出入，以最快的速度抢救伤员，将伤亡降到最低。

2.事故后处理工作：

（1）查明事故原因和事故责任人。

（2）出具书面报告，包括事故发生的时间、地点，受伤（死亡）人员的姓名、性别、年龄、工种及受伤部位、受伤程度。

（3）制订或修改有关措施，防止此类事故再次发生。

（4）组织所有人进行事故教育。

（5）向全体人员宣读事故调查结果及对责任人的处理意见。

8.2.4.2 机械伤害应急准备与响应预案

（一）应急准备

1.组织机构及职责：

（1）项目部机械伤害事故应急准备和响应领导小组：

组长：项目经理。

组员：生产负责人、安全员、各专业工长。

（2）机械伤害事故应急处置领导小组负责对项目突发机械伤害事故的应急处理。

2.培训和演练：

（1）项目部安全员负责组织全机关每年按机械伤害事故应急响应要求进行一次模拟演练，各组员按其职责分工，配合完成演练。演练结束后由组长组织人员对应急响应要求的有效性进行评价，必要时对应急响应要求进行调整或更新。演练、评价和更新的记录应予以保留。

（2）施工管理部负责每年对相关人员进行一次培训。

3.应急物资的准备、维护、保养：

（1）应急物资的准备：简易担架，跌打损伤药品，包扎纱布。

（2）各种应急物资要配备齐全并加强日常管理。

（二）应急响应

1.发生机械伤害事故后，项目部成立义务小组，由项目经理担任组长，生产负责人、安全员及各专业工长为组员，主要负责紧急事故发生时的抢救或处理工作，外包队管理人员及后勤人员，协助上任工程师做好相应的辅助工作。

2.发生机械伤害事故后，由项目经理负责现场总指挥，发现事故人员应高声呼喊，通知现场安全员，由安全员拨打事故抢救电话，并向上级有关部门或医院打电话求救，同时通知生产负责人组织紧急应变小组采取可行的应急抢救措施，如现场包扎、止血等，防止因受伤人员流血过多而造成死亡事故。预先成立的应急小组人员应分工明确，各司其职，如水、电工长应协助外围抢救工作，门卫在大门口迎接来救护的车辆等。科学地处理机械伤害事故，能最大限度地保障相关人员的生命安全。

3.事故后处理工作：

（1）查明事故原因及责任人。

（2）以书面的形式向上级报告，包括事故发生的时间、地点，受伤（死亡）人员的姓名、性别、年龄、工种及受伤程度、受伤部位。

（3）制定有效的预防措施，防止此类事故再次发生。

（4）组织所有人员进行事故教育。

（5）向所有人员宣读事故调查结果及对责任人的处理意见。

8.2.4.3 触电事故应急准备与响应预案

（一）应急准备

1.组织机构及职责：

（1）项目部触电事故应急准备和响应领导小组：

组长：项目经理。

组员：生产负责人、安全员、各专业工长、技术员、各执勤人员。

（2）触电事故应急处置领导小组负责对项目突发触电事故的应急处理。

2.培训和演练：

（1）项目部安全员负责组织全机关每年按触电事故应急响应要求进行一次模拟演练，各组员按其职责分工，配合完成演练。演练结束后由组长组织人员对应急响应要求的有效性进行评价，必要时对应急响应要求进行调整或更新。演练、评价和更新的记录应予以保留。

（2）施工管理部负责每年对相关人员进行一次培训。

3.应急物资的准备、维护、保养：

（1）应急物资的准备：简易担架。

（2）应急物资要配备齐全并加强日常管理。

（二）应急响应

1.脱离电源及时抢救：

当发生人身触电事故时，首先应使触电者脱离电源，迅速急救，关键要"快"。

2.对于低压触电事故，可采用下列方法使触电者脱离电源：

（1）如果触电地点附近有电源开关或插销，可立即关闭电源开关或拔下电源插头，以切断电源。

（2）可用有绝缘手柄的电工钳、有干燥木柄的斧头或有干燥木柄的铁锹等切断电源线，也可采用干燥木板等绝缘物插到触电者身下，以隔离电源。

（3）当电线搭在触电者身上或被压在身下时，也可以用干燥的衣服、手套、绳索、木板、木棒等绝缘物作工具，拉开或挑开电线，使触电者脱离电源。切不可直接去拉触电者。

3.对于高压触电事故，可采用下列方法使触电者脱离电源：

（1）立即通知有关部门停电。

（2）戴上绝缘手套，穿上绝缘鞋，用相应电压等级的绝缘工具按顺序拉开开关。

（3）用高压绝缘杆挑开触电者身上的电线。

4.触电者如果在高空作业时触电，断开电源时要防止触电者摔下来造成二次伤害。处理高空触电者可以采取以下措施：

（1）如果触电者伤势不重，神志清醒，但有些心慌，四肢麻木，全身无力或者触电者曾一度昏迷，但已清醒过来，应使触电者安静休息，不要走动，严密观察并及时送往医院。

（2）如果触电者伤势较重，已失去知觉，但仍有心跳和呼吸，应将触电者抬至空气畅通处，解开衣服，让触电者平直仰卧，并用较软的衣服垫在其身下，使其头部比肩部稍低，以免妨碍呼吸，如天气寒冷要注意保暖，并迅速送往医院；如果发现触电者呼吸困难，或有痉挛现象，应立即准备抢救。

（3）如果触电者伤势较重，呼吸停止或心脏停止跳动或呼吸和心脏跳动都已停止，应立即采用口对口人工呼吸法及胸外心脏挤压法进行抢救，并送往医院。在送往医院的途中，不应停止抢救。

（4）人触电后会出现神经麻痹、呼吸中断、心脏停止跳动等症状，此时人会昏迷不醒，处于一种"假死"状态，救援者万万不可草率行事。

（5）对于触电者，特别是高空坠落的触电者，要特别注意搬运问题，很多触电者，除电伤外还有摔伤，如果搬运不当（如折断的肋骨扎入心脏等）会造成死亡。

（6）对那些处于"假死"状态的触电者，要迅速、持久地进行抢救，不少触电者是经过数小时甚至更长时间的抢救才抢救过来的。有经过 6 小时的口对口人工呼吸及胸外挤压抢救而活过来的案例。只有经过医生诊断确定死亡，才能停止抢救。

5.人工呼吸是在触电者停止呼吸后应采用的急救方法。各种人工呼吸方法中以口对口呼吸法效果最好。进行人工呼吸时应注意以下事项：

（1）进行人工呼吸前，应迅速将触电者身上妨碍呼吸的衣领、上衣等解开，取出口腔内妨碍呼吸的食物，以及脱落的断齿、血块、黏液等，以免堵塞呼吸道；使触电者仰卧，并使其头部充分后仰（可用一只手托住触电者后颈），鼻孔朝上以保证呼吸道畅通。

（2）救护人员用手使触电者鼻孔紧闭，深吸一口气后紧贴触电者的口，向内吹气约 2 秒。吹气大小，根据不同的触电人有所区别，每次吹气要以触电者胸部微微鼓起为宜。

（3）吹气后，立即离开触电者的口，并放开触电者的鼻子，使空气呼出，用时约 3 秒，然后再重复吹气动作。吹气要均匀，每分钟吹气、呼气约 12 次。触电者已开始恢复自由呼吸后，还应仔细观察其呼吸是否会再度停止。如果再度停止，应继续进行人工呼吸，这时人工呼吸的频率要与触电者微弱的呼吸频率一致。

（4）如无法使触电者张开口，可改用口对鼻人工呼吸法，即捏紧嘴巴紧贴鼻孔吹气。

6.胸外心脏挤压法是触电者心脏停止跳动后的急救方法：

（1）做胸外挤压时应使触电者仰卧在比较坚实的地方，姿势与口对口人工呼吸法相同，救护者跪在触电者一侧或跪在腰部两侧，两手相叠，于掌根部放在触电者心窝上方，胸骨下三分之一至二分之一处。掌根用力向下（脊背的方向）挤压，压出心脏里面的血液。成人应向下挤压 3～5 cm，以每分钟挤压 60 次为宜。

挤压后手掌根部迅速全部放松，让触电者的胸廓自动恢复，使血液充满心脏。放松时掌根不必完全离开胸部。

（2）应当指出，心脏跳动和呼吸是联系在一起的。心脏停止跳动，呼吸很快就会停止；呼吸停止了，心脏跳动也维持不了多久。一旦呼吸和心脏跳动都停止了，应当同时进行口对口人工呼吸和胸外心脏按压。如果现场只有一人抢救，两种方法交替进行。可以挤压4次，吹气1次，而且吹气和挤压的速度都应提高一些，以免降低抢救效果。

（3）对于儿童触电者，可以用一只手挤压，要轻一些，以免伤到胸骨，而且每分钟宜挤压100次左右。

7.事故后处理工作：

（1）查明事故原因及责任人。

（2）以书面的形式向上级报告，包括事故发生的时间、地点，受伤（死亡）人员的姓名、性别、年龄、工种及受伤程度、受伤部位。

（3）制定有效的预防措施，防止此类事故再次发生。

（4）组织所有人员进行事故教育。

（5）向所有人员宣读事故调查结果及对责任人的处理意见。

8.2.4.4 环境污染事件应急准备与响应预案

（一）应急准备

1.组织机构及职责：

（1）项目部环境污染事件应急准备和响应领导小组：

组长：项目经理。

组员：生产负责人、安全员、各专业工长、技术员、各执勤人员。

（2）环境污染事件应急处置领导小组负责对项目环境污染事件的应急处理。

2.培训和演练：

（1）项目部安全员负责组织全机关每年按环境污染事件应急响应要求进行一次模拟演练。各组员按其职责分工，配合完成演练。演练结束后由组长组织人员对应急响应要求的有效性进行评价，必要时对应急响应的要求进行调整或更新。演练、评价和更新的记录应予以保留。

（2）施工管理部负责每年对相关人员进行一次培训。

（二）应急响应

应急负责人接到报告后，立即指挥人员切断污染源及控制相关人员的行为，以防事态进一步蔓延，项目安全员应及时封锁事故现场，同时通报公司应急小组副组长。

公司应急小组副组长到达事故现场后，立即责令项目部停止生产，组织事件调查工作，并将事件的初步调查情况通报给公司应急小组组长。

公司应急小组组长接到事件通报后，上报当地主管部门，等候处理意见。

8.2.4.5 高空坠落事故应急准备和响应预案

（一）应急准备

1.组织机构及职责：

（1）项目部高处坠落事故应急准备和响应领导小组：

组长：项目经理。

组员：生产负责人、安全员、各专业工长、技术员、质检员、执勤人员。

（2）高处坠落事故应急处置领导小组负责对项目突发高处坠落事故的应急处理。

2.培训和演练：

（1）项目部安全员负责组织全机关每年按高处坠落事故应急响应要求进行一次模拟演练。各组员按其职责分工，配合完成演练。演练结束后由组长组织人员对应急响应要求的有效性进行评价，必要时对应急响应的要求进行调整或更新。演练、评价和更新的记录应予以保留。

（2）施工管理部负责每年对相关人员进行一次培训。

3.应急物资的准备、维护、保养：

（1）应急物资的准备：简易担架，跌打损伤药品，包扎纱布。

（2）各种应急物资要配备齐全并加强日常管理。

4.防坠落措施：

（1）脚手架的材质必须符合国家标准；钢管脚手架的杆件连接必须使用合格的玛钢扣件。

（2）结构脚手架立杆间距不得大于 1.5 m，大横杆间距不得大于 1.2 m，小横杆间距不得大于 1 m，脚手架必须按楼层与结构拉接牢固，拉接点垂直距离不得超过 4 m，水平距离不得超过 6 m，拉接所用的材料强度不得低于双股 8 号铝丝的强度，高大架子不得使用柔性材料拉接。在拉接点处设可靠支顶，脚手架的操作面必须满铺脚手板，离墙面不得大于 20 cm，不得有空隙和探头板、飞跳板。脚手板下层设水平网。操作面外侧应设两道护身栏杆和一道挡脚板或设一道护身栏杆，立挂安全网。下口封严，防护高度应为 1.2 m。严禁用竹笆作脚手板。

（3）脚手架必须保证整体不变形，凡高度在 20 m 以上的外脚手架纵向必须设置十字盖，十字盖的高度不得超过 7 根立杆，与水平面的夹角应为 45°～60°。高度在 20 m 以下的，必须设置正反斜支撑。特殊脚手架和 20 m 以上的高大脚手架必须有设计方案。有脚手架结构计算书，特殊情况必须采取有效的防护措施。

（4）井字架的吊笼出入口均应有安全门，两侧必须有安全防护措施，吊笼定位托杠必须采用定型装置，吊笼运行中不得乘人。

（5）1.5 m×1.5 m 以下的孔洞，应预埋通长钢筋网或加固定盖板，1.5 m×1.5 m 以上的孔洞四周必须设两道护身栏杆，中间支挂水平安全网。电梯井口必须设高度不低于 1.2 m 的金属防护门。电梯井内首层和首层以上每隔四层设一道水平安全网，安全网应封闭严密。楼梯踏步及休息平台处，必须设两道牢固的防护栏杆或立挂安全网，加强防护。阳台栏杆应随层安装，不能随层安装的，必须设两道防护栏杆或立挂安全网加一道防护栏杆。

（6）无外脚手架或采用单排脚手架且高 4 m 以上的建筑物，首层四周必须支搭 3 m 宽的水平安全网（高层建筑支搭 6 m 宽的双层网），网底距下方物体不得小于 3 m（高层建筑不得小于 5 m）。高层建筑每隔四层固定一道 6 m 宽的水平安全网，水平安全网接口处必须连接严密，与建筑物之间的缝隙不大于 10 cm，并且外边沿高于内边沿。已支搭的水平安全网，应等到没有高处作业时才能拆除。

（7）临边施工区域，对人或物构成威胁的地方，必须支搭防护棚，确保人、物的安全。高处作业使用的铁凳、木凳间需搭设脚手板的，间距不得大于 2 m。进行高空作业时，严禁投、扔物料。

（8）高空作业人员必须持证上岗，经过现场培训、技术交底。安装人员必须系安全带。技术交底时必须按方案要求进行，并结合施工现场作业条件和队伍情况，确定指挥人员。施工时按作业环境做好防滑、防坠落工作，以防事故发生。发现隐患要立即整改，要建立登记、整改档案，定整改责任人，定整改措施，定整改完成日期。在隐患没有消除前，必须采取可靠的防护措施，如有危及人身安全的紧急险情，应立即停止作业。

（二）应急响应

1.一旦发生高空坠落事故，安全员负责抢救伤员，项目经理拨打 120 急救电话，由土建工长保护好现场，以防止事态扩大。其他义务小组人员协助安全员做好现场救护工作，水、电工长协助运送伤员及外部救护工作。如有轻伤或休克人员，由现场安全员组织人员临时进行包扎止血、人工呼吸或胸外心脏按压等工作，尽最大努力抢救伤员，将伤亡事故带来的损失降到最低。

2.处理程序：

（1）查明事故原因及责任人。

（2）制定有效的防范措施，防止类似事故再次发生。

（3）对所有员工进行事故教育。

（4）宣布事故处理结果。

（5）以书面的形式向上级报告。

8.2.4.6 火灾

发生潜在（事故）事件原因：吸烟、火种、明火作业。

发生潜在（事故）事件场所：办公、生产作业、休息区域、油料存放区。

发生潜在（事故）事件场所配备器材：消防斧、消防锹、消防钩、消防桶、水带箱、灭火器、消防水源。

应急检查：每年一次。

应急准备和响应物资：简易担架，跌打损伤药品，灭火器材。

（一）应急准备：

1.组织机构及职责：

（1）项目部火灾事故应急准备和响应领导小组：

组长：项目经理。

组员：生产负责人、安全员、各专业工长、施工员、物资员、执勤人员。

（2）火灾事故应急处置领导小组负责对突发火灾事故的应急处理。

2.培训和演练：

（1）项目部安全员负责组织全机关每年按火灾事故应急响应要求进行一次模拟演练。各组员按其职责分工，配合完成演练。演练结束后由组长组织人员对应急响应要求的有效性进行评价，必要时对应急响应的要求进行调整或更新。演练、评价和更新的记录应予以保留。

（2）施工管理部负责每年对相关人员进行一次消防知识培训，并负责消防措施的检查与指导工作。

3.应急物资的维护、保养及测试：

（1）加强对各种消防器材和消防设施的日常管理，机关要配齐灭火器。消防栓要有专人负责，定期检查、测试，使其保持良好状态。

（2）保卫人员每月要检查一次灭火器及消防设施。

（3）每季度进行一次消防栓检查和测试，使其保持良好状态。

（二）应急响应：

1.为了防止各种火灾事故的发生，各施工现场应设置明显的安全出入口标志牌，按要求组建义务防火小组。组长由项目经理担任，组员包括生产负责人、安全员、各专业工长、施工员、物资员、执勤人员。项目经理为现场总负责人，生产负责人负责现场扑救工作，各专业工长各司其职。

安全员负责组织有关人员联系就近医院，将伤员外送或就地护理。重点防火部位的防护包括：油漆仓库应设在有充足水源、消防车能驶到的地方；仓库四周应有不小于 3.5 m 的平坦空地作为消防通道；消防通道上禁止堆放障碍物。在施工过程中，如电线起火，应用干粉灭火器或防火沙灭火，禁止用水灭火，以免发生触电事故。

2.项目部火灾处理程序：

发生火情，第一发现人应高声呼喊，使附近人员能听到或协助扑救，同时通知施工管理部或其他相关部门，负责人拨打火警电话 119。拨打电话时应描述如下内容：单位名称、所在区域，周围显著标志性建筑物、主要路线、候车人姓名、主要特征、等候地址，以及火源、着火部位、火势等，随后到路口引导消防车辆进入。

（1）发生火情后，电工负责断电，施工员负责接入水源，施工队长组织各部门人员用灭火器材等进行灭火。如果是因为电路问题失火，必须先切断电源，严禁使用水或液体灭火器灭火，以防发生触电事故。

（2）火灾发生时，为防止有人被困，由物资管理人员准备部分毛巾，湿润后蒙在口、鼻上；抢救被困人员时，为其准备同样的毛巾，以便应急时使用，防止有害气体吸入肺中。被烧人员救出后应采取简单的救护方法进行急救，如用净水冲洗被烧部位，冲掉污物，再用干净的纱布简单包扎，同时联系急救车抢救。

（3）火灾事故发生后，应注意保护现场，组织人员抢救伤员和财产，防止火灾蔓延，同时必须以最快的速度逐级上报，如实汇报，不得隐瞒。

（4）写出书面报告，内容包括：

①事故发生的时间、地点，项目名称。

②事故发生的简要经过，初步估计伤亡人数和经济损失。

③判断事故的原因。

④事故发生后采取的措施及控制情况。

⑤找出负责人，制定防止火灾的预防措施。

8.2.4.7 施工中挖断水管、电线、通信光缆、煤气管道

发生潜在（事故）事件原因：盲目作业。

发生潜在（事故）事件场所：生产作业区域。

发生潜在（事故）事件场所配备器材：防护器材、设施。

应急检查：每年一次。

应急准备和响应物资：防护器材、设施。

（一）应急准备

1.组织机构及职责：

（1）项目部应急准备和响应领导小组：

组长：项目经理。

组员：生产负责人、安全员、各专业工长、技术员、质检员、执勤人员。

（2）应急处置领导小组负责对此类突发事故的应急处理。

2.培训和演练：

（1）项目部安全员负责组织全机关每年按应急响应要求进行一次模拟演练，各组员按其职责分工，配合完成演练。演练结束后由组长组织人员对应急响应要求的有效性进行评价，必要时对应急响应的要求进行调整或更新。演练、评价和更新的记录应予以保留。

（2）施工管理部负责每年对相关人员进行一次培训。

3.应急物资的维护、保养及测试：

加强对各种防护设施的日常管理、定期检查，使其保持良好状态。

（二）应急响应

最先发现挖断水管、电线、通信光缆、煤气管道的人员，要立即报告单位应急负责人。

应急负责人担任现场总指挥，即刻组织人员迅速封锁（事故）事件现场，对事故点 20 m 以内的区域进行隔离，采取临时措施将

（事故）事件的损失及影响降至最低，并电话通报公司应急小组副组长。

安全员立即拨打本市自来水保修中心电话，或拨打本市供电急修电话，或拨打本市通信光缆急修电话 112。在电话中描述如下内容：单位名称、所在区域，周围显著标志性建筑物、主要路线，候车人姓名、主要特征、等候地址，所发生（事故）事件的情况，随后到路口引导救援车辆进入。

公司应急小组副组长到达事件现场后，立即组织事件的调查工作，并将事件的初步调查结果通报公司应急小组组长。

公司应急小组组长接到事件通报后，上报当地主管部门，等候处理结果。

9　生产安全事故应急救援预案

9.1　应急预案的方针与原则

为了更好地满足经济活动的要求，给企业员工和施工场区商户及流动人员提供更好、更安全的环境，保证应急救援行动按计划有序进行，应贯彻"安全第一，预防为主""保护人员安全优先，保护环境优先"的方针，坚持"常备不懈、统一指挥、高效协调、持续改进"的原则。

（一）适用范围：本公司实施的工程项目。

（二）引用相关文件：《职业健康安全运行控制程序》《应急准备与响应程序》《不合格品控制程序》《法律法规及其他要求与识别控制程序》《纠正与预防措施控制程序》《事故、事件、不符合控制程序》《安全生产责任制》《纠正措施控制程序》《预防措施控制程序》等。

（三）公司应急小组成员：

总指挥：杨艳琴。

组长：何祖强。

副组长：黄志华。

成员：王明、李慧、邱腾飞、胡雅婷。

由工程项目部负责日常工作。

9.2 应急工具清单

（一）防火、防泄漏工具：灭火器、消防钩、水桶、管钳等。
（二）急救工具：医药箱（内备止血绷带、急救药品等）。

9.3 应急准备

9.3.1 对应急人员进行应急准备相关培训

对应急现场人员进行岗位教育和消防知识教育；提升扑火救灾人员和救护人员的救护能力；对抢救人员进行急救知识教育；对应急人员进行紧急切断电源、抢救触电人员等方面的教育。

9.3.2 安全施工方案及安全技术交底

编制切实可行的安全施工方案及安全技术交底方案，备足应急工具和应急用品，做好事故预防工作。

9.4 应急响应

9.4.1 一般事故的应急响应

当事故或紧急情况发生后，当事人应立即将信息报告给离其最近的项目部管理人员，由相关人员迅速将消息报告给项目部办公室及主要管理人员，并采取应急措施。

项目经理及应急人员应及时对事故进行处理，并及时向公司领导报告。

9.4.2 重大事故的应急响应

（一）重大施工安全事故发生后，当事人或发现人应立即向项目部负责人报告，同时采取应急措施，防止事态扩大。

（二）项目经理及应急人员按应急措施对事故进行处理，并立即报告公司领导，以及时采取妥善的解决措施。

9.4.3 报警

发生紧急事故时，发现人应立即报警。

向内部报警，简述事发点、事态状况、报警人姓名。

向外部报警，详细准确报告：出事地点、单位、电话、事态状况，以及报警人姓名、单位、地址、电话。

9.4.4 上报

处理紧急事故后，事故发生所在部门或项目部负责人应在 24 小时内出具应急准备和响应报告，一式两份，自留一份。消防保卫事故、安全事故应上报给安全质量部。

9.5 具体的安全事故及紧急情况的
应急准备与响应措施

弱电工程可能发生的安全事故有：高处坠落、触电事故、机械伤害事故等。

9.5.1 高处作业发生高处坠落事故的应急预案

高处坠落可能造成的伤害有颅脑损伤、骨折等。当发生物体打击事件或有人从高处坠落摔伤时，应注意保护摔伤及骨折部位，避免因搬运不正确造成二次伤害，并及时向工地负责人报告，拨打 120 或送医院救治。送医院途中不要胡乱转动病人的头部，应将病人的头部略抬高一些，防止昏迷病人将呕吐物吸入肺内。

9.5.2 检修电器，使用电动机械、工具等发生触电事故的应急预案

（一）本项目执行三级配电、三级漏电保护标准，各种机械设备必须做到"一机、一闸、一箱、一漏"，做好用电防护。严禁乱拉、乱搭电线及各种照明灯具，带电作业的机械设备由专人负责。要经常检查施工用电设施，及时处理事故隐患。

（二）有人触电时，抢救者首先要立即断开近处电源（拉闸、拔插头）。如触电者距离开关太远，用电工绝缘钳或有干燥木柄的铁锹、斧子等切断电线以断开电源，或用绝缘物，如木棍等不导电材料拉开触电者或挑开电线，使之脱离电源。不

能直接用手或金属材料及潮湿物件直接去拉电线和触电者，以防止解救的人再次触电。

（三）触电者脱离电源后，如触电者神志清醒，但有心慌、四肢麻木、全身无力等症状，或者触电者在触电过程中曾一度昏迷，但已清醒，应使其安静休息，不要走动，严密观察，必要时送医院诊治。

（四）触电者已失去知觉，但心脏还在跳动，还有呼吸，应使触电者在空气清新的地方舒适、安静地平躺，解开妨碍呼吸的衣扣、腰带。若天气寒冷要注意保暖，并迅速请医生（或拨打 120）到现场诊治。

（五）如果触电者已失去知觉，呼吸停止，但心脏还在跳动，应尽快把触电者仰面放平进行人工呼吸。

（六）如果触电者呼吸和心脏跳动都已停止，应立即进行人工呼吸和心脏外按压急救。

9.5.3 机械伤害事故的应急预案

（一）各种机械设备必须按规定配置齐全、有效的安全保护装置，按要求办理验收证（必要时办理准用证）。

（二）发生断手（足）、断指（趾）的严重情况时，要现场对伤口进行包扎止血、止痛，或进行半握拳状的功能固定。将断手（足）、断指（趾）用消过毒和清洁的敷料包好，切忌将断指（趾）浸入酒精等消毒液中，以防细胞病变；可将包好的断手（足）、断指（趾）放在无泄漏的塑料袋内，扎紧袋口，在袋子周围放些冰块，速随伤者送医院抢救。

（三）发生撕裂伤害时，必须及时对伤者进行抢救，采取止痛及其他相应措施；用生理盐水冲洗有伤部位后用消毒大纱布块、消毒棉花紧紧包扎，压迫止血，同时拨打 120 或者送医院进行治疗。

9.5.4 坍塌事故的应急预案

（一）坍塌事故往往受伤人员多，后果严重，多为重大或特大人身伤亡事故。发生坍塌事故后，应立即报告安全科。

（二）脚手架坍塌事故是最常见的坍塌事故。防止脚手架坍塌事故的主要方法是脚手架的搭拆必须按审核、审批的单项施工方案进行，并加强日常检查与维护，重点检查架体各支撑结构及连接部位的受力情况。

9.5.5 火灾、爆燃事故的应急预案

（一）施工现场应根据施工作业条件制定消防措施，并记录落实效果，并按照不同作业条件，合理配备灭火器材。

（二）对易燃易爆等危险物品应分库存放，设专职保管员；储存易燃易爆物的仓库必须严禁吸烟，严禁烟火，违者罚款；存放应分类、分堆，并标明名称。

（三）根据现场实际施工情况，可能发生的火灾有电器火灾、金属火灾等。例如，高压电器装置发生的火灾，通常是在没有良好接地设备或没有切断电源的情况下引起的。具体应急措施如下：

1.发现者应立即向周围的人发出警报。

2.在安全的情况下设法灭火、抢救伤员，要及时疏散被火围

困人员。如火势从一端向另一端蔓延，应从中间控制；中间着火，应从两侧控制；楼层着火，应从上下楼层进行控制，以从上层楼层进行控制为主。

3.火势严重的应立即拨打 119 火警电话，报警时应说明：起火场所的详细地址，火势大小，着火物品，有无爆炸危险，是否有人被困，以及报警用的电话号码和报警人的姓名。

4.派人到主要路口迎接消防车。

5.尽快与上级部门及医疗部门取得联系，以便伤者能迅速、妥善地得到后续治疗。

9.6　处理与改进

项目部在事故或事件发生后，应对事故发生的原因进行调查分析，针对事故（事件）发生的原因，责成责任部门采取纠正措施，并组织人员对应急预案和相关程序进行评审及修订，使其不断完善，更好地发挥应急作用。

9.7　应急救援人员及应急救援材料与设备

9.7.1 应急预案领导小组成员

应急预案领导小组成员如表 9-1 所示。

表 9-1　应急预案领导小组成员

姓名	职务	职责分工	手机号码
杨艳琴	总指挥	负责重大决策和全面指挥	18770539809
何祖强	组长	协助总指挥下达决策及指挥部署	18559089632
黄志华	副组长	协助组长，协调有关人员的具体行动，实施决策	18789111829
王明	组员	协助正、副组长工作，负责研究、处理问题	13138992209
李慧	组员	协助正、副组长工作，负责研究、处理问题	13005058526
邱腾飞	组员	协助正、副组长工作，负责研究、处理问题	15079079061
胡雅婷	组员	协助正、副组长工作，负责研究、处理问题	18807082392

9.7.2 应急救援器材和设备清单

应急救援器材和设备清单如表 9-2 所示。

9-2　应急救援器材和设备清单

种类	物资名称	数量	状况	设置位置	主要用途或技术要求
个体防护	防毒口罩	2套	良好	现场	为靠近、进入火场提供防护
警戒	各类警示牌	2套	良好	备品室	对灾害事故现场起到警示作用
灭火	ABC灭火器	5瓶	良好	现场	扑救可燃化学品引起的火灾
	水带	3米	良好	备品室	输送消防用水
	常规器材工具，如扳手、水枪等	2套	良好	备品室	应包括分水器、接口、包布等常规器材工具
通信	对讲机	4台	良好	备品室	在易燃易爆环境中必须防爆
救生	防护面罩	5个	良好	现场	用于灾害事故现场被救人员的呼吸防护
	安全绳	5条	良好	备品室	长度至少为50米
	医药急救箱	2个	良好	备品室	盛放常规外伤急救所需的敷料、药品和器械等
	齿锯	2把	良好	备品室	切割金属和混凝土材料
破拆	手动破拆工具	2套	良好	备品室	用于灾害现场破拆作业
	无火花工具	2套	良好	备品室	易燃易爆事故现场的手动作业，最好为铜制材料
堵漏	堵漏工具	2套	良好	备品室	各种罐体和管道表面点状、线状泄漏的堵漏作业
照明	移动照明灯	2套	良好	备品室	灾害现场的作业照明，要符合照明要求
其他	发电机组	1台	良好	备品室	停电时应急供电

9.7.3 应急情况演练记录表

相关部门要制作应急情况演练记录表，具体如表9-3所示。

表 9-3 应急情况演练记录表

演习应急情况	
参与人员	
演练时间	
预演安排	
应急情况处理过程	
演习效果	
参与人员签字	

后　记

本安全制度汇编在杨秀英教授的悉心指导下，在海南科技职业大学的支持与帮助下完成，再次对杨秀英教授及海南科技职业大学表示感谢。

编写本安全制度的主要目的是促进公司管理工作的规范性、精细化。在汇编过程中，相关负责人认真起草，广大员工积极参与，建言献策，提出了许多宝贵意见和建议，最终编印成册。在此，对热情支持此次制度汇编工作的同志表示衷心的感谢！

本安全制度汇编如存在需要补充或延伸的内容将在后续修订中进行完善，如有与后续出台的法律法规冲突的情况将按照相关法律规定执行并及时修改本安全制度汇编的内容。望广大读者对本制度汇编多提宝贵意见，多给予批评指正。

海南万建建筑工程有限公司

2022 年 4 月

附　录

附录一　海南万建建筑工程有限公司营业证照

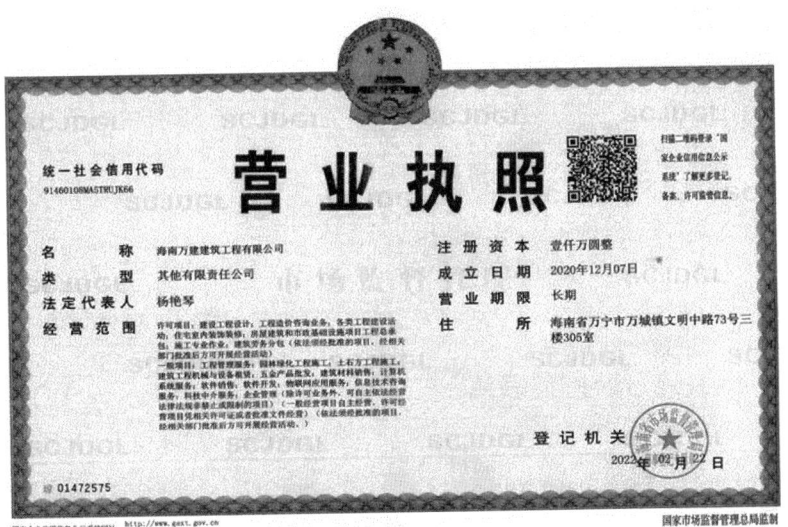

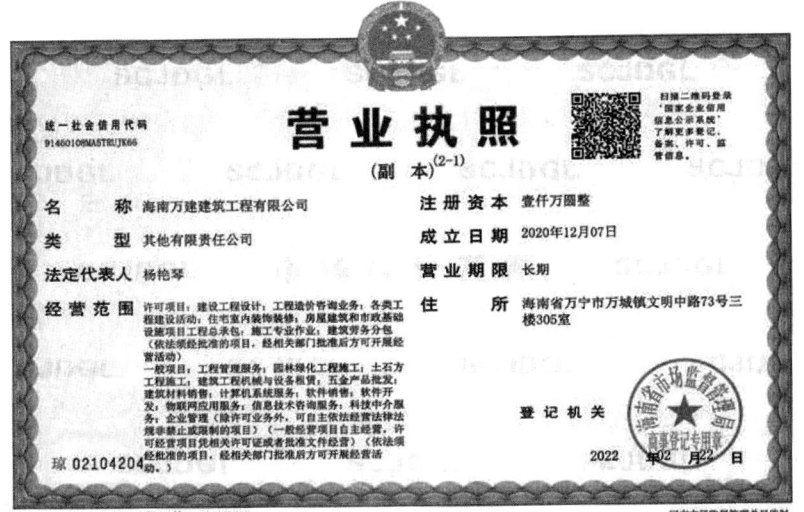

附录二　海南万建建筑工程有限公司
建筑业企业资质证书

建筑业企业资质证书

（正本）

企 业 名 称：海南万建建筑工程有限公司

详 细 地 址：海南省万宁市万城镇文明中路73号三楼305室

营业执照注册号：91460108MA5TRUJK66　　法定代表人：杨艳琴

注 册 资 本：1000万元　　　　　　　经 济 性 质：其他有限责任公司

证 书 编 号：D346047767　　　　　有 效 期：2026年05月26日

资质类别及等级：

建筑装修装饰工程专业承包贰级
建筑工程施工总承包叁级
市政公用工程施工总承包叁级
钢结构工程专业承包叁级
环保工程专业承包叁级
古建筑工程专业承包叁级

发证机关：海南省住房和城乡建设行政审批服务局

2022年 月 7 日

中华人民共和国住房和城乡建设部制

全国建筑市场监管与诚信信息发布平台查询网址：http://www.mohurd.gov.cn/docmaap　　No.DZ 20074044

建 筑 业 企 业 资 质 证 书

（副本）

企 业 名 称： 海南万建建筑工程有限公司

详 细 地 址： 海南省万宁市万城镇文明中路73号三楼305室

营业执照注册号： 91460108MA5TRUJK66　**法定代表人：** 杨艳琴

注 册 资 本： 1000万元　　　**经 济 性 质：** 其他有限责任公司

证 书 编 号： D346047767　　　**有 效 期：** 2026年05月26日

资质类别及等级：

建筑装修装饰工程专业承包贰级

建筑工程施工总承包叁级

市政公用工程施工总承包叁级

钢结构工程专业承包叁级

环保工程专业承包叁级

古建筑工程专业承包叁级

发证机关：万宁市行政审批服务局

2022 年 3 月 7 日

中华人民共和国住房和城乡建设部制

全国建筑市场监管与诚信信息发布平台查询网址：http://www.mohurd.gov.cn/docmaap　　NO. D 346047767

附录三　海南万建建筑工程有限公司
外包公司做工人员承诺书

　　本人_____（姓名），身份证号_____。
本人被_____公司雇佣来海南万建建筑工程有限公司做工，本人承诺安全责任由本人全部承担。本人不因工资、福利、社保及小工工资向海南万建建筑工程有限公司及关联公司主张任何权利，本人知晓本人劳动报酬与海南万建建筑工程有限公司及关联公司无关。本人遵守建筑施工安装规范、保证施工安全。如果出现因本人工作伤害民工、业主人身及财产的情况，本人承担一切法律责任与经济责任。

　　　　　　　　　承诺人（签字、按手印）：

　　　　　　　　　时间：

声明

本人_____（姓名），_____（身份证号码）郑重声明，本人及本企业所填信息全部内容是真实的，无任何隐瞒和欺骗行为。如有隐瞒情况和提供虚假材料以及其他违法行为，本企业和本人愿意接受建设主管部门及其他有关部门依据有关法律法规给予的处罚。

签字：
（企业公章）
年　月　日

一、企业基本情况

企业名称				
注册地址（邮编）				
统一社会信用代码				
经济类型			设立时间	
联系电话			传真电话	
电子邮箱			职工年平均人数	
资质类别及等级 （已办理资质的填写）	主项资质			
	增项资质			
	资质证书编号			

二、企业主要负责人简况

法定代表人				
姓名		性别	最高学历	
职务	法定代表人	职称	专　业	
固定电话			移动电话	
身份证号码				
经　理				
姓名		性别	最高学历	
职务	经理	职称	专　业	
固定电话			移动电话	
身份证号码				
分管安全生产副经理				
姓名		性别	最高学历	
职务	副经理	职称	专　业	
固定电话			移动电话	
身份证号码				

三、项目负责人简况

序号	姓名	职务	专业	注册证书编号	身份证号码

四、专职安全生产管理人员简况

安全管理机构负责人					
姓名		性别		最高学历	
职务		职称		专　业	
固定电话				移动电话	
身份证号码					
专职安全生产管理人员					
序号	姓名	专业	身份证号码		
1					
2					
3					

注：本表应包含企业安全生产管理机构人员和施工现场专职安全管理人员。

五、特种作业人员简况

序号	姓名	身份证号码	工种	特种作业操作资格证书			
				发证单位	发证时间	证书编号	证书有效期
1							
2							
3							

材料真实性承诺书

本人_____（姓名），身份证号码_____，联系方式_____（手机），系_____项目经理，在此向海南万建建筑工程有限公司郑重承诺，以下提供的所有资料内容均是真实有效的：

一、所提供的各项材料、数据；

二、建筑施工企业安全生产许可证申请表；

三、营业执照；

四、公司章程；

五、资质证书；

六、设置安全生产管理机构，按照国家有关规定配备专职安全生产管理人员；

七、保证本单位安全生产条件所需资金的投入；

八、已具备安全生产许可证所要求的人员（包括法人、分管安全生产的负责人、项目经理、专职安全员、特种作业人员）；

九、依法参加工伤保险，依法为施工现场从事危险作业的人员办理意外伤害保险，为从业人员交纳保险费；

十、管理人员和作业人员每年至少进行一次安全生产教育培训并考核合格；

十一、建立健全安全生产责任制，制定完备的安全生产规章制度和操作规程；

十二、具有有关安全生产法律、法规、标准和规程要求的安全防护用具、机械设备、施工机具及配件、急救器材设备的购置发票、检测合格证明等；

十三、有职业危害防治措施，并为作业人员配备符合国家标准或者行业标准的安全防护用具和安全防护服装；

十四、有对危险性较大的分部分项工程及施工现场易发生重大事故的部位、环节的预防、监控措施和应急预案；

十五、具有生产安全事故应急救援预案、应急救援组织或者应急救援人员，配备必要的应急救援器材、设备；

十六、诚信记录。

在申请核定安全生产许可证之日前，无《建筑施工企业安全生产许可证管理规定》禁止的行为。

本人在此承诺积极配合核查，且所做承诺是真实有效的，具有法律效力，如有虚假，本人愿接受中华人民共和国住房和城乡建设部及其他有关部门依法给予的行政处罚。

签字：
（企业公章）
年　　　月　　　日

附录四　关于成立安全生产
管理机构的决定

　　为全面贯彻落实《中华人民共和国安全生产法》，进一步提高企业工程建设的安全生产管理水平，适应安全生产新形势要求，加强基础工作，改进监管方式，依法落实各级安全生产责任制度，公司决定成立安全生产管理机构，全面负责领导公司的各项安全生产事务。

　　附件[①]：1.安全生产管理机构工作职责

　　　　　　2.安全生产管理机构人员任职文件

　　　　　　3.安全生产管理机构组成人员名单

海南万建建筑工程有限公司

2022 年 3 月 12 日

---

① 详见正文。

附录五　关于开展公司 2022 年度
安全生产教育培训工作的通知

公司各部门：

为保证公司员工的人身及财产安全，加强公司安全生产教育培训工作，现将公司制定的 2022 年度安全生产教育培训工作计划印发给你们，请认真遵照执行。

附件：2022 年度安全生产教育培训计划[②]

海南万建建筑工程有限公司

2022 年 3 月 19 日

[②] 详见正文。

附录六　关于印发公司 《安全生产责任制》的通知

各科室、各部门：

根据《中华人民共和国建筑法》《中华人民共和国安全生产法》《建设工程安全生产管理条例》的标准规范、安全规程等，结合公司实际情况，现将公司制定的《安全生产责任制》印发给你们，请遵照执行。

附件[③]：1.法人（总经理）安全生产责任制

2.分管安全副总经理安全生产责任制

3.总工程师安全生产责任制

4.项目经理安全生产责任制

5.安全生产副经理责任制

6.施工员安全生产责任制

7.技术员安全生产责任制

8.质检员安全生产责任制

9.安全员安全生产责任制

---

③ 详见正文。

10.工程技术部安全生产责任制

11.生产计划部安全生产责任制

12.项目部安全生产责任制

海南万建建筑工程有限公司

2022 年 3 月 16 日

附录七　关于印发《安全生产规章制度》的通知

各科室、各部门：

依据《中华人民共和国安全生产法》《建设工程安全生产管理条例》《工程建设重大事故报告和调查程序规定》，依据现行国家、行业安全技术标准和规范、安全规程等，同时结合公司实际情况，现将公司制定的《安全生产规章制度》印发给你们，请遵照执行。

附件④：1.安全技术措施管理制度

2.安全检查制度

3.临时用电安全检查制度

4.安全检查值班考勤制度

5.施工现场安全检查制度

6.卫生防疫制度

7.消防安全管理制度

8.事故报告处理制度

---

④ 详见正文。

9.安全技术交底制度

10.安全生产责任追究制度

11.安全生产档案制度

海南万建建筑工程有限公司

2022 年 3 月 14 日

附录八 关于印发《安全生产操作规程》的通知

各科室、各部门：

依据《建设工程安全生产管理条例》等现行国家、地方、行业规程等，同时结合公司实际情况，现将公司制定的《安全生产操作规程》印发给你们，请遵照执行。

附件：安全生产操作规程⑤

海南万建建筑工程有限公司

2022 年 3 月 16 日

---

⑤ 详见正文。

附录九 关于印发《职业危害
防治措施》的通知

各科室、各部门：

为预防职业危害，保障全体职工权益，依据《中华人民共和国职业病防治法》，结合公司实际情况，现将公司编印的《职业危害防治措施》印发给你们，请遵照执行。

附件：职业危害防治措施⑥

海南万建建筑工程有限公司

2022 年 3 月 18 日

---

⑥ 详见正文。

附录十 关于印发《危险性较大分部分项 工程应急预案》的通知

各科室、各部门：

根据海南省住建厅关于《海南省危险性较大的分部分项工程安全管理实施细则》的通知及《建设工程安全生产管理条例》的规定，为加强我公司安全技术管理，现已制定本公司易发生重大事故部位、环节的预防监控措施和应急预案，印发给你们，请认真贯彻执行。

附件⑦：1.危险性较大分部分项工程应急预案

2.危险性较大分部分项工程及施工现场易发生重大事故的部位环节的预防监控措施和应急预案

海南万建建筑工程有限公司

2022 年 3 月 20 日

---

⑦ 详见正文。

附录十一　关于印发《生产安全事故
应急救援预案》的通知

各科室、各部门：

根据《中华人民共和国安全生产法》《建设工程安全施工管理条例》《海南省危险性较大的分部分项工程安全管理实施细则》等有关规定，结合本公司安全生产实际情况，现已制定本公司《生产安全事故应急救援预案》，下发给你们，请认真贯彻执行。

附件：生产安全事故应急救援预案⑧

海南万建建筑工程有限公司

2022 年 3 月 19 日

---

⑧ 详见正文。